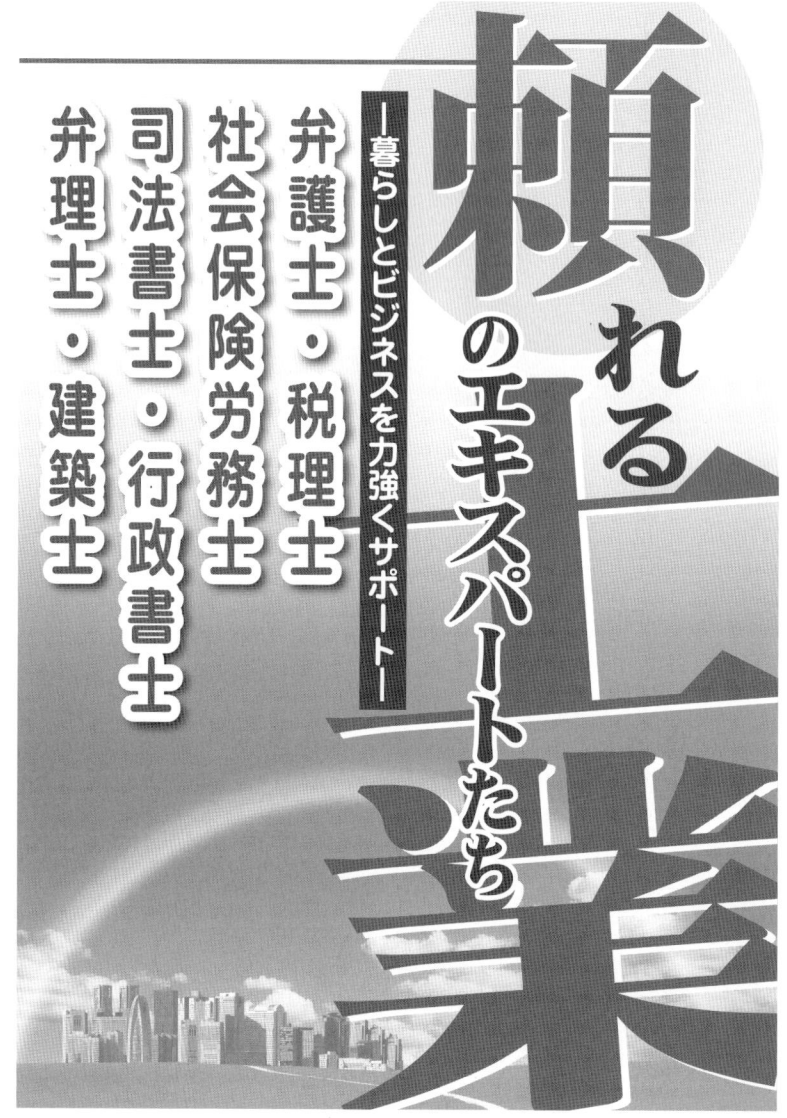

頼れるエキスパートたち

― 暮らしとビジネスを力強くサポート ―

弁護士・税理士
社会保険労務士
司法書士・行政書士
弁理士・建築士

浪速社

「頼れる士業のエキスパートたち」
――暮らしとビジネスを力強くサポート――

はじめに

「ストレス社会」「トラブル社会」と称される現代社会が抱える様々な問題に正面から向き合い、依頼者の立場に立って一歩一歩その問題解決に日々尽力する士業の先生方のひたむきな姿。

私たちが、地域社会から大きな信頼を得て、昼夜を分かたず依頼者の心の拠り所として奮闘している士業の先生方を、一人でも多くの人々に伝えていければと「頼れる士業プロフェッショナル――企業を支えるビジネスドクター」を出版したのは、平成二十四年春のことでした。

あれから一年が経ち、今回収録した士業の種類、活躍する地域も広がり、ともにパワーアップして「頼れる士業のエキスパートたち――暮らしとビジネスを力強くサポート」を出版の運びとなりました。ご登場いただいた士業の先生方にこの場を借りて厚く御礼申し上げます。

本書にご登場いただいた士業の先生方は、タイトルの通り地域社会に親しまれ、暮らしと

1

ビジネスを支え、頼れるエキスパートとしてご活躍されている皆様です。

読者の方々からは「こういう解決方法があるとは知らなかった」、「こういう活動に取り組んでいる士業の先生のことを初めて知った」といったお声をいただいています。

また、「今は特に困っていないけれど、その時にはこの先生に相談してみよう」と心の保険のようにいつも手元に置かれている人もいらっしゃいます。

ネット社会といわれる昨今、法律に関するあらゆる情報があふれていますが、士業の先生方が本当に知ってもらいたいと思う情報は、まだまだ的確に伝えられていないのではないでしょうか。

私たちは士業の先生方の思いや考えをわかりやすく正確に、読者の皆さんに伝えることに努めてまいりました。

本書が多種多様なトラブルに悩む人々と、親身に相談に応じて問題を解決してくれる士業の先生方との橋渡しとなり、よりよい暮らしの実現とビジネスの成功に向けたささやかな一助となれば甚だ幸いです。

平成二十五年五月

ぎょうけい新聞社

Contents

目次

はじめに ……………………………………………………… 1

弁護士編

甲斐・広瀬法律事務所（大阪市北区）
依頼人のためにとことん力をつくす
医療・家事問題のエキスパート
弁護士 甲斐 みなみ ……………………… 10

弁護士法人 中村綜合法律事務所（東京都千代田区）
これからの法律相談は「予防法務」の時代
専門家集団を率いる心優しきエキスパート
弁護士 中村 雅男 ……………………… 20

三谷総合法律事務所（横浜市中区）
溢れる情熱と想いを胸に依頼者の為に心を尽くす
これからの日本社会を切り開く信頼の弁護士
弁護士　三谷　淳 …… 30

吉田修平法律事務所（東京都港区）
日本の未来を見据えた法整備に尽力
熱意と正義感溢れる不動産法務のエキスパート
弁護士　吉田　修平 …… 40

リベルタ総合法律事務所（大阪市中央区）
柔らかい物腰で依頼人の心を癒す
交通事故問題のエキスパート
弁護士　齋藤　優貴 …… 50

税理士編

新大阪総合税理士法人（大阪市淀川区）
人の縁ともてなしの心を大切に
税理士　菅野　泰行 …… 60

Contents

気さくで誠実な税務問題のエキスパート

税理士法人 原会計事務所（東京都中央区）

企業のたゆまぬ成長に向け経営を力強くサポート

行動的、戦略的会計管理を提唱する職業会計人

税理士・行政書士 原 俊 ……70

藤澤経営税務会計事務所（横浜市西区）

一歩先を的確に牽引する経営者の良きパートナー

経営者の明るい未来をサポートする税のプロフェッショナル

税理士 藤澤 公貴 ……80

【社会保険労務士編】

イケダ労務管理事務所（京都市山科区）

職場活性化と雇用創造で日本を元気に

働く場における「ひと」の専門家

特定社会保険労務士 池田 少折 ……90

5

日本橋人事賃金コンサルタント・社会保険労務士FP小岩事務所（東京都中央区）
企業の伴走者として信頼の経営に貢献
人事労務問題のエキスパート
特定社会保険労務士 小岩 和男 ……… 100

村松貴通社会保険労務士事務所・株式会社浜松人事コンサルタント（静岡県浜松市）
人間重視の経営訴え地域経済の発展に貢献
地域密着型の人事コンサルティングを展開
特定社会保険労務士 村松 貴通 ……… 110

司法書士 編

ウィル綜合司法書士事務所（神戸市中央区）
依頼人の立場に立ち、一緒に考え行動する
顧客との十分なコミュニケーションを尽くす
司法書士 福嶋 達哉 ……… 120

かながわ総合法務事務所（横浜市西区）
司法書士・行政書士 山口 弘樹 ……… 130

Contents

行政書士編

行政書士法人 佐藤国際法務事務所（東京都新宿区）──────── 行政書士 **佐藤 啓子**……140
異国の地で暮らす人々のために力を尽くす
真の国際化に寄与する国際法務のエキスパート

新行政書士事務所（大阪市中央区）──────── 行政書士 **新 正伸**……150
許認可申請のエキスパート
依頼者の話をじっくり聞いて迅速・的確に対応

弁理士編

アクシス国際特許業務法人（東京都港区）──────── 弁理士 **中島 拓**……160
「おもてなし」の心を大切に多角的に知財戦略を支援
先駆性あふれる知財活動のエキスパート

三都国際特許商標事務所（大阪市北区）
幅広い視点から企業の発展に貢献する
知的財産権のエキスパート　　　　　　　　　弁理士　**長田豊彦** ……… 170

建築士編

スペースプロ 一級建築士事務所（神戸市中央区）
「豊かで楽しい」を実感できる空間づくりのプロ
地域に根差し地域と共に歩む神戸っ子建築家　　一級建築士　**岡田 俊彦** ……… 180

巻末資料 ……… 190

掲載事業所一覧 ……… 210

あとがき ……… 212

頼れる士業のエキスパートたち

●暮らしとビジネスを力強くサポート●

INTERVIEW

依頼人のためにとことん力をつくす
医療・家事問題のエキスパート

Life and business are supported forcibly.

「鳥のように空高くから広い視野を持って見渡しつつ、地面を這う虫のように地上で何が起きているのかを細かに把握できるような専門家でありたい」

甲斐・広瀬法律事務所
弁護士　甲斐 みなみ

SAMURA業

甲斐・広瀬法律事務所

昭和の水俣病や四日市ぜんそく、平成の薬害エイズ・薬害肝炎事件などこれまで多くの国や企業を相手とした公害・薬害訴訟が行われてきた。そして今、全国各地で行われているアスベスト訴訟や東日本大震災時に起こった福島第一原発事故をめぐる健康被害の問題、または相次ぐ医療ミスなどのニュースが後をたたない。

しかし、これらは氷山の一角であり関係者の懸命な努力にも関わらず裁判の長期化やそれに伴う費用などの為に、解決を待たずして亡くなる人、泣き寝入りを強いられている人達は決して少なくない。

こうした中、平成14年に弁護士登録以来、依頼者一人一人の心に寄り添い日々奮闘する弁護士がいる。甲斐・広瀬法律事務所の代表、甲斐みなみ弁護士がその人だ。

不安と孤独に絶えず苛まれながら裁判を闘わなければならない依頼人の心を包むその温かさ、誠実な姿勢はどこから来るのか。まず甲斐弁護士の足跡を辿る事から始めよう。

志したきっかけはドキュメンタリー 弁護士活動の原点となった薬害肝炎訴訟

「大学生の頃、一生続けていける仕事をしたくて何か資格を取った方がいいのではと考えていた時にテレビで医療過誤事件をテーマにしたドキュメンタリーを見たんです。素人の目から見れば患者側が勝てるのではと思うような事例でも、患者側に課せられたハードルの高さに驚きました。もともと医療問題に関心を持っていたので、こういった専門的な知識を必要とする事件で人の役に立てる仕事がしたいと思って弁護士を選びました」

先輩弁護士に鍛えられた心構え
結婚・出産を機に独立開業の道へ

自分の進路を決めた甲斐弁護士は司法試験合格後、修習期間を福岡で過ごす。弁護団活動が活発な福岡の地で、ハンセン病弁護団や医療問題研究会などの会議に参加して研鑽を積んでいった。当時、薬害肝炎に関するニュースが報道され各地で提訴が行われようとしていた。

「もし提訴されたら絶対弁護団に参加したいと思っていました」

修習期間を終えた甲斐弁護士が大阪で弁護士登録をした平成14年、大阪で薬害肝炎訴訟が提起される。甲斐弁護士はすぐさま弁護団に参加し、事務所の仕事と弁護団活動で激動の日々を送ることとなる。

「1年目だったので不安もありましたが、大阪の薬害肝炎弁護団の責任者が若手でもどんどん起用してくれる弁護士だったんです。もともと凝り性な性格なこともあって国立国会図書館や大学の医学部図書館などいろんな所から徹底して資料を集め、裁判の中でもかなり重要となった被告側の専門家証人の尋問を担当しました」

こうして平成18年6月21日、全国のトップを切って大阪地裁で国と製薬会社の責任を一部認める判決が言い渡される。続いて福岡、翌年には東京、名古屋と相次いで同様の判決が出され、平成20年には国会で薬害肝炎被害救済法が成立し、原告団と政府の間で基本合意が締結された。

薬害肝炎被害救済法には、薬害肝炎被害に対する政府の責任、医薬品被害の再発防止努力が明記されている。しかし同法成立時、認定には医療機関のカルテ以外の記録や証言も考慮するよう衆議院が付帯決議したにも関わらず、薬害肝炎被害と認定され実際に救済されている原告の数は推定被害者数に比べてまだ少なく、一刻も早い全面解決が待たれている。

甲斐・広瀬法律事務所

相談者がリラックスして話せる応接室

弁護士は資格を得た後、法律事務所に勤務しその事務所のやり方を学び習得していくのが一般的だが、甲斐弁護士の場合、1年目から薬害肝炎弁護団に加わっていたこともあり事務所の枠を超えた様々な先輩弁護士から鍛えられた。

「徹底して調査を尽くす」ことを教えられた薬害裁判での経験は、その後担当した医療過誤訴訟においても遺憾なく発揮されることとなる。狭い医療界で患者側に協力してくれる医師を探すのは困難の極みだ。明らかなミスであることは認めてくれても、実名を出しての協力は拒まれることが多い。

粘り強い努力の末、協力してくれる専門医を見つけ1審での不当判決を乗り越え、高裁で勝利和解を勝ち取るまでには最初に相談を受けてから約8年の歳月を要した事件もある。こうした長期に渡る裁判をたたかう上で、前事務所長の言葉が支えになっているという。

「多くの事件はどの弁護士がやっても勝ち負けはだいたい決まっている。でも少ないけど何割かはこの弁護士じゃないと勝てなかったという事件がある、そういう時には勝ちきらないと

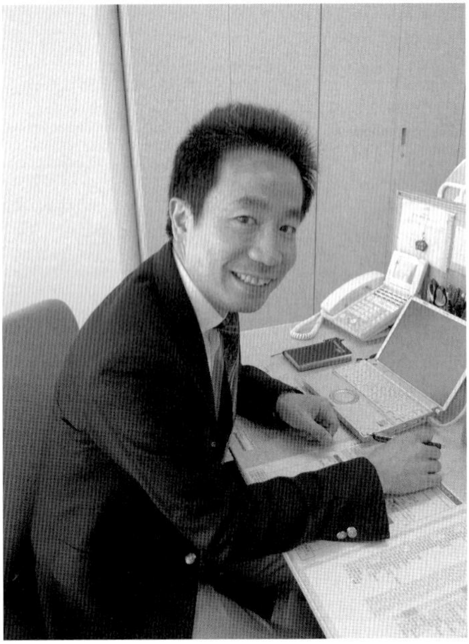

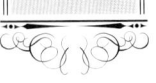

公私ともに最高のパートナーの森下浩之社労士

いけない、と言われたことが強く印象に残っています」

前の事務所で同僚だった森下浩之社労士と結婚・出産を経験した甲斐弁護士は、平成22年4月、森下社労士とともに「甲斐みなみ法律事務所」を設立。平成24年4月からは広瀬元太郎弁護士を迎え名称を「甲斐・広瀬法律事務所」に変更し現在に至っている。事務所設立以来、年に2回「鳥の目虫の目」というタイトルのニュースレターを発行してきた。

「鳥のように空高くから広い視野を持って見渡しつつ、地面を這う虫のように地上で何が起きているのかを細かに把握できるような専門家でありたいとの思いをこめて、このタイトルにしました」

時事問題や法律専門用語の解説だけでなく映画や音楽などのコーナーもあり、甲斐弁護士の気さくな人柄が伝わる内容が好評だ。

弁護士と社会保険労務士
互いの特色を活かし多様なサービスを提供

甲斐・広瀬法律事務所

平成初期のバブル崩壊後、「失われた20年」と言われるように依然不況が続き経済の再生への光が見えてこない日本。特に平成20年のリーマン・ショックはそれまで景気を支えていた輸出産業に大きなダメージを与え、結果的にリーマン・クライシス以後に経済が最も衰えたのは日本だと言われている。

こうした社会状況の中、以前にも増して解雇・残業未払い・倒産などの労使間紛争が後をたたない。「事務所を開設した際、互いの専門知識を活かして社会貢献することを目標の1つとして掲げました。当初は共同で事件に関わる機会は少なかったのですが、最近は私と森下が共同で事件や関与先を担当する機会が増えてきています」と甲斐弁護士。

例えば1つの顧問会社に対し、甲斐弁護士が契約書のチェックや取引先との紛争解決などを担当し、森下社労士が就業規則の整備や労務管理を担当するといったケースがある。また、解雇や残業代に関する紛争の依頼を受けた際には、甲斐弁護士が相手方との交渉を担当し、森下社労士が労基署の対応や退職後の健康保険・失業手当について従業員に説明するケースや、会社の自己破産申立であれば、甲斐弁護士が裁判所向けの書類準備、森下社労士が従業員の退職手続き等を行うなど役割分担が明確だ。

「中小企業の経営者の方は、労使関係でちょっとこじれてしまうと相談相手がいないため、対応が後手にまわってしまうことがあります。そういう時に相談してもらえると対応策をアドバイスできます」と森下社労士は語る。例えるなら労基署対応などの前処置は森下社労士が行い、手術が必要な場合は甲斐弁護士が行うといった感じだろうか。事案に対してお互いやりやすく、顧問先との相互理解も深まり理想的な総合サービスと言えるだろう。

「いたずらに裁判をして解決を長引かせるようなことはありません。このようにお互いの専門知識を補完し合いながら迅速で効果的なサービスの提供ができることは、当初の目標でもありましたので非常に嬉しく思っています」

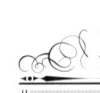

女性弁護士ならではのきめ細やかな対応
高度な専門知識に基づき当事者の身になった解決を

離婚や子どもの親権といった夫婦関係を巡るトラブル、遺言作成・遺産分割、最近増加傾向にある成年後見制度の相談……家事事件には、裁判ではなく調停や審判という家庭裁判所の手続で解決するものが多いという特徴がある。

家族サービスも大切に。子どもと魚つり

そこには、家庭や血のつながった親族間の争いごとに国家権力が介入して公開の法廷で一方的に結論を出すよりも、まずは当事者の話し合いを優先させ、非公開の手続で様々な事情をじっくり調査した方が妥当な解決が図れるという法の考えが根底にある。だからこそ、依頼者との信頼関係の構築は欠かせない。

「勤務弁護士時代、女性からの依頼を割り当てられるのは私が女性だからだろうかと正直不満に感じたこともありました。でも依頼者の方から女性弁護士だから話しやすくて助かりまし

■■■甲斐・広瀬法律事務所

た、ありがとうございましたと言っていただくと嬉しい気持ちになります。私自身出産、育児を機に良い意味で働き方が変わりました。育児を経た方、育児中の方のお気持ちもわかるようになってきたと思います」

離婚の相談から話を聞いていくうちに、その原因となった子どもの交通事故裁判の依頼に繋がったケースもあるという。甲斐弁護士は母親がつけていた16冊の日記をもとに168ページに及ぶ陳述書と、日記から抜粋した400ページの資料を作成し、高次脳機能障害を負った子どもを抱える母親の苦悩を訴えた。

「私も家に帰れば一人の母親ですから、日記を読んだ時に涙が止まりませんでした。いかに日常が大変かということを知って、この人の為に何としても勝たなくてはと思い、森下にも事故現場の調査を手伝ってもらい、一つひとつ実証を積み重ねていきました」

その甲斐あって、裁判では予想よりも高水準の将来介護費が認められ、なおかつ自分がいなくなった後の子どもの生活を確保したいとの母親の思いを活かし、一時金ではなく定期金での支払いという見事な勝利和解を勝ち取ることができた。

「長い裁判になると家族ぐるみでの付き合いになってきます。勝利解決したのは嬉しいけど、もう事務所にきてあれこれ話すことがなくなるのはさみしい、と依頼者の方に言われたりするとウルっときてしまいます」

常に手を抜かず依頼者の心に寄り添う人情派の甲斐弁護士らしいエピソードだ。

初心を忘れずいつまでも 正義や真実が認められる社会めざして

弁護士生活も10年を数え中堅にさしかかってきた甲斐弁護士だが、これからの目標、将来にどんな夢を描いているのだろうか。

「医療問題はライフワークと考えているのでずっと手がけていきたいですし、せっかく森下と一緒に事務所をやっているので企業法務などを伸ばして人の役にたてればと思っています。それよりも大事にしたいと思っていることは、いつまでも一生懸命一つひとつやりたい、手を抜きたくないということです。弁護士として経験を積み重ねてくると、こういう事案ならこれぐらいやっておけばいい、といった考えが生まれてくるんじゃないかと心配していて、気をつけているところです」

司法制度改革により近年弁護士が増加したことによって、新人弁護士の就職難が生じている。事務所によっては営業担当を設けるなど弁護士を取り巻く状況は劇的に変わろうとしている。敷居の低さ、話しやすさを売り物にしている事務所もあるが、相談に行くと対応に不満を覚えることも少なくない。

「自分がこうあるべきと思っている姿から外れてきたら弁護士を続けている資格はない、そういう気持ちを持って日々の仕事に取り組んでいます」

一方、自身の子どもが保育所に行き始めたこともあって、家庭内での作業も増えた。

「保育所の事前説明会で、エプロンと雑巾を作ってきてくださいと言われました。それまでミシンも使ったことがなかったんですが、子どもにとっては初めての社会ですし、頑張って作ってみたら意外と上手に出来たんです。だんだん楽しくなってきて、最近趣味を聞かれると『そうですね〜、ミシンですかね』なんて言っています」そう笑顔で語る甲斐弁護士の姿に、これからも依頼者は勇気づけられることだろう。

PROFILE

甲斐 みなみ（かい・みなみ）

平成13年京都大学法学部卒業。翌年弁護士登録（55期）。平成19年から関西学院大学司法研究科（ロースクール）非常勤講師。平成22年4月「甲斐みなみ法律事務所」設立。
平成24年事務所名を「甲斐・広瀬法律事務所」に変更。

〈所属・活動〉
大阪弁護士会人権擁護委員会（医療部会・外国人部会）。大阪弁護士会子どもの権利委員会。
薬害肝炎弁護団

INFORMATION

甲斐・広瀬法律事務所

所在地 〒530-0047 大阪市北区西天満4丁目9番12号
リーガル西天満ビル403号
TEL 06-6367-5115 FAX 06-6367-5116
E-mail info@minami-law.jp
URL http://www.minami-law.jp

アクセス
● JR大阪駅、阪急・阪神　梅田駅下車　徒歩10分強
● 地下鉄御堂筋線・京阪　淀屋橋駅下車　徒歩7分
● JR東西線　北新地駅下車　徒歩5分
● 地下鉄谷町線／堺筋線　南森町駅下車　2番出口・徒歩9分
● 大阪地方裁判所から北へ徒歩2分

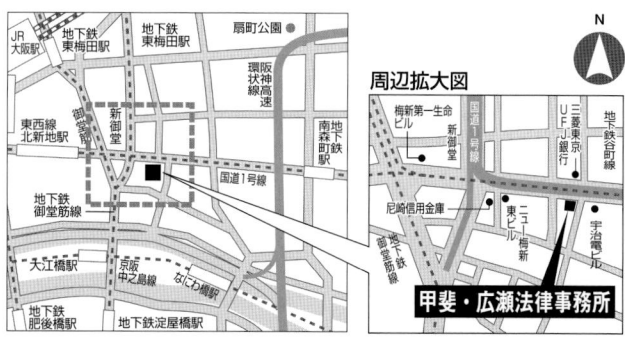

設立 平成22年4月

取り扱い分野 医療過誤・交通事故・介護事故・中小企業のトラブル・建築不動産トラブル・その他一般民事・離婚・相続・その他家事事件・自己破産・再生・任意整理・外国人の問題など

INTERVIEW

これからの法律相談は「予防法務」の時代
専門家集団を率いる心優しきエキスパート

「一つひとつの事案に対して緊張感を持ち、依頼者の立場に立ってよく話を聞き、迅速によりベターな解決をはかります」

弁護士法人中村綜合法律事務所
弁護士　中村　雅男

Life and business are supported forcibly.

SAMURAi業

頼れる士業のエキスパートたち ●暮らしとビジネスを力強くサポート●

■■■ 弁護士法人中村綜合法律事務所

「予防医学」の発想による「予防法務」で法的リスクに対応 事務所内に10種の専門部会を設けて幅広く対応

東京23区の中央に位置する千代田区は、国会や中央省庁、最高裁判所といった日本の中枢機能が集中する立法・行政・司法の中心地である。皇居や神田神社など数多くの史跡・歴史的建造物が残っており、政治の街である永田町、官庁が軒を連ねる霞が関、書店街の神保町、世界的に有名な秋葉原電気街などがおなじみだ。江戸開府以来400年にわたり日本の政治、経済、文化をリードしてきたその東京の心臓部、千代田区の麹町駅近くで「予防法務」を中心に「個人の安心」と「企業の発展」のために奮闘する弁護士がいる。

弁護士法人中村綜合法律事務所の中村雅男弁護士は、「法律を国民の身近なものに」をモットーに法曹界で30年を超えるキャリアを誇る。多様化、複雑化する現代社会の様々な法律問題に柔軟に対応し、事件処理の質の高さと迅速な問題解決には定評があり、悩みを抱えて相談に訪れる依頼者は多い。

中村弁護士は明治大学法学部を卒業後、7年間の勤務弁護士の経験を積み、昭和58年4月に独立開業した。この春独立開業30周年を迎えた同弁護士が所長を務める中村綜合法律事務所の特徴は、身体のトラブルを解決する医療の「予防医学」や「早期治療」の概念を、社会のトラブルである法律問題に適用して、「予防法務」や「早期解決」を最重要課題としている点だ。

「予防法務というのは、企業活動や個人が社会生活を営む上で将来的に法的な紛争が生じないよう

に、法律知識や法実務上のノウハウを駆使して事前に法的リスクを想定して予防措置をとることをいいます。予防医学的な考え方を法的リスクに適用する発想に基づいています」と中村弁護士は説明する。

従来、法による救済は紛争が生じた後に解決して損害を回復する事後救済が一般的であった。しかし、現代のように動きの速い社会ではそれでは間に合わない事例も多数存在する。予防法務の考え方は、紛争そのものを生じさせない、もしくは生じにくくすることで損害を未然に防いだり、軽減したりしようとするもので現代の法的リスクに適した発想だ。

ひとつの事務所に一人の弁護士という事務所が多い中で、中村綜合法律事務所には14人の弁護士が所属しており、それぞれの弁護士が得意分野を活かして様々な法律問題の処理に取り組んでいる。企業法務をはじめ交通、労働、親族相続、倒産、刑事、知財、行政など10種類の専門部会を設けており、幅広い法律相談と質が高く迅速な事件処理を可能にしている。

弁護士による法の業務は、法務全般に及ぶものであり、司法書士や行政書士の業務分野とは異なるところが多い。弁護士が日々の活動を通じて蓄積している法的、社会的経験を踏まえて、裁判など紛争時のあらゆる局面を想定しながら法的業務を遂行していくのが予防法務の特徴だ。

企業経営に関する紛争予防にはさまざまな予防法務の策を講じることが必須となるが、個人の係争でも私生活に心配事をかかえたままでは、なかなか仕事が手に付かないものだ。

そこで中村綜合法律事務所では、個人向けの顧問契約を生活の負担にならない程度の価格で締結し、サービスを提供している。顧問料は年間2万円で年間計10回（1回30分）、随時電話などで相談することができる。法律事務所は敷居が高いと感じている人たちにとって、気軽に法的アドバイスが受けられる格好のサービスといえる。

頼れる士業のエキスパートたち ●暮らしとビジネスを力強くサポート●

■■■ 弁護士法人中村綜合法律事務所

あなたの身近な掛かり付けの弁護士
個人向けの顧問契約で安心の法的サポート

安心と発展をサポートする笑顔のシンボルマーク

「社会で起きるすべてのトラブルで、自分に降りかからないものはありません。長い人生、万が一の備えが肝心であり、普段から気軽に法律相談ができれば法律が人々にとって身近なものとなります。健康管理のために掛かり付け医が必要なように、予防法務のための弁護士が必要な時代となっています」と中村弁護士は掛かり付け弁護士の必要性を強調する。

困ったときに相談しようと思っても、初めて会う弁護士に心を開いて語るのはなかなか困難だ。降りかかった法的トラブルの現実を直視することなく、見て見ぬふりをしているうちに自分では対処不能になるほど問題が大きくなってしまうこともある。

現実に紛争に発展する前に予防策を弁護士に相談し、適切な対策を講じることで不安が軽減されたり解消されるケースはとても多い。先行き不透明なこの時代

INTERVIEW
SAMURAI業

それぞれの得意分野で予防法務に努めている14名の弁護士たち

高齢化社会の今、タイムリーなサービス
安心、安全の「信託」活用で高齢者の財産を守る

に、依頼者が気軽に相談しやすいサービスを提供し、困った時の拠り所でありたいと活動を続ける中村弁護士の存在は貴重だ。

日本の人口における65歳以上の割合が24％を超え、急ピッチで進む高齢化社会。こうした時代背景の中で、多くの高齢者が身体の不調や認知症を始めとする身体的な老化と並行して様々な社会不安に見舞われている。

例えば高齢者を狙った振り込め詐欺や有価証券詐欺などの被害が後を絶たず、高齢者が安心して財産管理ができるシステム作りは喫緊の課題だ。こうした中で、中村綜合法律事務所では高齢者がそれぞれのライフスタイルに合った資産管理を可能にする、「信託」制度を利用した安心のサービス提供に力を入れている。

「長年弁護士生活を続けていると、相談にあずかっている顧問先

頼れる士業のエキスパートたち ●暮らしとビジネスを力強くサポート●

■■■ 弁護士法人中村綜合法律事務所

の経営者の方々も歳を取って行きます。介護で子どもの手をわずらわせたくないとか、資産管理について将来が不安だ、といった内容の相談が増えてきました」としみじみ語る中村弁護士。

これまで苦労して築き上げてきた財産を守り、本人の意思を尊重して管理される『信託』制度が改めて注目されている。

信託というのは、お金や預金、土地建物などの不動産等の財産を信頼できる人に託し、自分の希望する形で管理等してもらうことだ。

「このため、『信託』を利用すれば、資産管理の手間から解放され、毎月の生活費を受け取ることや公共料金の支払いも任せてしまうことができます。万が一、認知症を患って判断能力が衰えたり、病気で身体の自由がきかなくなっても、引き続き契約で頼んだ人や会社に資産を管理してもらうことができます。『信託』は資産の種類やライフスタイル、そして未来への思いや希望に合わせて、個々人の希望に沿ったオーダーメイドで自由に設計できるところに特徴があります」と中村弁護士。

これまで財産を後世に託すには遺言が一般的だった。しかし、事故や急な病で倒れたり、突発的な出来事などで、遺言の準備ができていないケースも多く必ずしも十分であったとは言えない。

中村綜合法律事務所では予防法務の観点から、中村弁護士が代表として経営に参画し、同法律事務所全体で法律顧問としてバックアップをしていく信託会社設立の準備を進めている。個々人のライフスタイルや抱える悩みに合わせて10種類程度の信託を組み合わせて取り扱う予定である。

その内容は、老後の生活費の管理、遺された家族の生活の保護、葬儀、遺言リスク回避、財産相続、後継ぎ指定、共有管理、経営問題、代金決済といった具合で、現代社会でトラブルになりがちな問題を網羅したサービスになっている。

「例えば遺言書を書いても、遺言執行者が素人であるケースが多く、対立する相続人が執行を妨害し

たりして最悪の場合、裁判になることもあります。費用もかかりますし、遺言そのものが無効になってしまうケースもあります。こういったトラブルを回避するには、信託は非常に有効な制度です」と中村弁護士は信託を勧める。

遺言に対して心理的な抵抗がある人も多い中、信託では遺言という言葉を一切使わないで契約を結ぶことが可能だ。中村綜合法律事務所では、HPやセミナーを通じて信託制度について詳しい解説を行っている。現実を正しく認識し、適切な対応でトラブルを未然に防ぐ中村弁護士の「予防法務」のスタンスはますます重要性を増してくる。

セミナーの開催など予防法務の周知に取り組んでいる

弁護士の過疎抑止に向け新潟県小千谷市に支部開設東京事務所と連携して地域の掛かり付け弁護士を目指す

かつて全国の253の地裁本庁・支部の管轄地域のうち、弁護士がいない、または一人しかいない地域のことを「ゼロワン地域」と呼んでいた。

■■■ 弁護士法人中村綜合法律事務所

弁護士過疎、弁護士偏在の問題解消に向けて、法律相談センターや公設事務所の設置、弁護士の定着化の支援、さらには「ひまわり基金」の設立など日弁連や各地の弁護士会は多大なエネルギーを費やしてきた。

弁護士不在の「ゼロワン地域」解消に向けた対策を実際に支えてきたのは、熱意に燃える有志の弁護士たちの気高い精神だ。

今日、「ゼロワン地域」は解消されたものの、いつまた現れるかはわからない。将来にわたってゼロワン地域を生み出さないという、個々の弁護士の問題意識こそが大切だ。

中村綜合法律事務所では、弁護士の過疎化、都市圏への集中して、平成22年6月に、新潟県小千谷市に支部を開設した。首都圏のど真ん中に事務所を構える中村綜合法律事務所は、敢えて弁護士過疎地の地方都市に支部を開設することで、一弁護士法人として社会的要請に応えようとしたものだ。

「弁護士事務所は都会に集中しがちですが、私たちの事務所はこれまで地方で積極的に法律相談を行ってきました。弁護士14人が所属する綜合法律事務所としての経験と実績を活かして、弁護士のいない地域の方々の力になりたいと考え、小千谷に事務所を開設しました。東京の事務所と連携して地域の掛かり付け弁護士を目指しています」と語る中村弁護士である。

日常の研鑽を欠かさず常に依頼者の立場に立って予防法務を進化させ綜合法律事務所の名に値する活動

中村綜合法律事務所小千谷支部は現在、小千谷市唯一の法律事務所として地域に存在感を示している。ここでは、中村綜合法律事務所の金澤耕作弁護士が精力的に活動している。

法的なトラブルを未然に防ごうという予防法務の考えのもと、法律サービスを提供してきた中村綜合法律事務所ならではの地域貢献活動といえる。

独立開業30周年を迎え、長年にわたって様々な事案を手掛け解決に導いてきた中村弁護士だが、一番大切にしていることは何だろうか。この問いに次のように語る。

「一つひとつの事案に対して緊張感を持ち、依頼者の立場に立ってよく話を聞き、迅速によりベターな解決をはかることを念頭にこれまで弁護士活動を行ってきました。そのためには日々変化する法体系の学習をはじめ、日常の研鑽が欠かせません」

囲碁、映画鑑賞、静座と多彩な趣味を持つ中村弁護士だが、なかでも静座と呼ばれる座禅スタイルの瞑想法は毎日30分から40分行っている。心身の健康に大いに役立つという。

「これまでの予防法務を中心とした取り組みをさらに進化させ、綜合法律事務所の名前に値するような事務所にしていきたいと思います」

柔和な笑顔と穏やかな語り口調で親しみやすい人柄が魅力の中村弁護士のもとに、病気の早期発見よろしく、トラブルの未然防止、早期解決を求めて連日多くの相談者が訪れている。

PROFILE

中村 雅男（なかむら・まさお）

昭和21年6月生れ。昭和45年3月明治大学法学部卒業。昭和48年10月司法試験合格。昭和58年4月東京都港区赤坂に中村雅男法律事務所設立。平成2年5月東京都千代田区鍛冶町に友人弁護士2名と千代田中央法律事務所設立。平成6年7月東京都千代田区神田東松下町に中村雅男法律事務所設立。平成11年11月東京都千代田区二番町に中村綜合法律事務所設立。平成19年9月弁護士法人中村綜合法律事務所設立・代表社員に就任。平成22年6月新潟県小千谷市に小千谷支部事務所を開設。平成25年1月東京都千代田区麹町に移転

〈所属・活動〉平成23年5月株式会社シー・アイ・シーの内部統制専門委員会委員に就任。

〈主な著書〉『企業倒産を招く法務トラブル35』中村綜合法律事務所著（幻冬舎刊）

INFORMATION

弁護士法人中村綜合法律事務所

所在地
東京本部　〒102-0083　東京都千代田区麹町4-8
　　　　　麹町クリスタルシティ9階
　　　　　TEL 03-3511-5611　FAX 03-3511-5612
　　　　　所属弁護士　13人、事務員10人

小千谷支部　〒947-0028　新潟県小千谷市城内2丁目
　　　　　　10番31号　城川ビル306号
　　　　　　TEL 0258-81-1321　FAX 0258-81-1322
　　　　　　弁護士金澤耕作（新潟県弁護士会所属）

東京本部アクセス
●「四ツ谷」駅より徒歩10分
●「麹町」駅4番出口よりそのままビル地下1階エレベーターホールへ
●「市ヶ谷」駅から徒歩10分

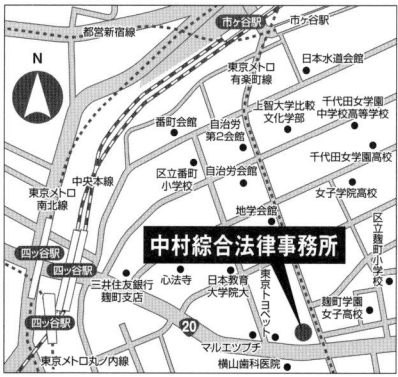

設立　平成19年9月4日

取り扱い分野
■業務内容　●民事　●刑事　●商事　●家事　●労働　●交通　●破産　●民事再生　●任意整理　●知的財産権　●行政等の各種事件、その他一般法律事件。
■専門部会　●交通事件部会　●労働法部会　●税務部会　●倒産法部会　●知的財産法部会　●刑事事件部会　●親族相続部会　●信託部会　●企業法務部会　●行政法部会

INTERVIEW

溢れる情熱と想いを胸に依頼者の為に心を尽くす
これからの日本社会を切り開く信頼の弁護士

Life and business are supported forcibly.

「リスクの説明や選択肢の提示で終わらず、どうすべきかを示します。ご相談いただいた会社の成長へ、明確な指針となれるのが私の強みです」

三谷総合法律事務所
弁護士 三谷 淳

SAMURAI業

三谷総合法律事務所

情報の共有に基づく素早い対応力
土曜や夜間も相談に応じて依頼人をサポート

横浜市は東京23各区を含めた全国の市町村の中で最も人口が多い街である。横浜ベイブリッジや山下公園、中華街といった横浜を代表する人気スポットがある中区は、1859年(安政5年)の横浜港開港で関内周辺が外国人居留地として発展し、戦前は絹の貿易で栄え、多くの外国商社が軒をつらねていたこともあって、横浜市の市名の由来となった地域だ。その名称は建物の外観とともにその名残を今にとどめている。「シルク通り」などの歴史的にも国際色豊かで市の中心部として発展を続ける中区の日本大通り駅近くで、平成18年10月に開設以来、中小企業の顧問業務を中心に若手弁護士の育成や他業種との交流など未来を見据えた取り組みを続けているのが三谷総合法律事務所の三谷淳弁護士だ。

「顧客満足」「人を育てる」「収益性」の全てを高いレベルで維持し、的確なアドバイスとスピーディーな対応で定評のある三谷弁護士のもとには、さまざまな問題を抱える経営者、トラブルを予防したい経営者が訪れ、列をなす。

三谷総合法律事務所では全弁護士が、iPadをフル活用してすべての案件についての状況を共有し、知恵を出し合い徹底追及する「文殊の知恵」と呼ばれる独自のシステムを採っている。一見すると効率の悪いものに思えるが、この方式を採用することで三谷弁護士の「経験・戦略・交渉力」

と若手弁護士の「法律・判例の最新知識」といった長所を生かした素早く、しかも深い裏打ちのある解決を可能にしている。

「私たちの事務所では、案件の進捗状況、打ち合わせの様子、争点やクリアすべき課題と見通しなどを3人がリアルタイムに共有し、ネット上の議論とリアルな会議を頻繁に重ねることにより依頼者に速くて最高のパフォーマンスを提供しています」

さらに「リアルタイムに各弁護士のスケジュールを管理しているため、電話1本で相談予約の日時を確定することができます。また、土曜日や平日夜間の法律相談にも対応しています」という。

三谷総合法律事務所の顧問先は地元横浜にとどまらない。約半数は東京で、さらには埼玉、新潟、京都など地域の枠を越えたニーズに応えている。

経営者のニーズ、マインドを良く理解し、ひたすら顧問先の企業の発展を願い、そのために何ができるかを常に考える三谷弁護士は、依頼者との人間関係、相互の信頼関係をすべてのサービスの前提としている。

三谷弁護士の仕事ぶりを聞いていると、従来の弁護士とは明らかに違った人間くさいにおいがする。「必要だと思ったときは、私自ら顧問先企業の売掛金を回収しに乗り込んでいくこともあります。また、顧問先に急な仕事が舞い込んで明日までに契約書が必要だということで、深夜のファミレスにパソコンを持ち込み、社長と顔をつきあわせて契約書を作ったこともあります」

■■■ 三谷総合法律事務所

いつも笑顔を絶やさない精鋭のスタッフたち

画期的な同世代経営者勉強会の取り組み 相互に刺激し合い、次代を担う熱い想いを共有

三谷弁護士の特徴的な活動の一つに、[S70's]と呼ばれる同世代経営者の勉強会がある。メンバーは1970年代生まれの経営者たち約80人。立ち上げのきっかけは、自分が向上するための刺激は金を払ってでも得るべきだという顧問会社社長の言葉だった。

「SはSHIGEKIのS、70'sは1970年代生まれのことです。活動ポリシーは『刺激を与え合う』その一点のみです。これからの日本を背負う同世代の経営者達が集まって、会の終わりには『あいつ、頑張ってるな』とか『俺ももっと頑張ろう』など、いつも刺激を力に変えた気持ちで家路についています」と語る三谷弁

INTERVIEW
SAMURAI業

護士。

この同世代経営者勉強会は、2010年11月から横浜や東京で、2ヵ月に1度のペースで開催されている。すでに14回を数え、毎回多くの参加者が「採用」「資金調達」「モチベーション維持」「解雇」「広告宣伝」などさまざまなテーマで熱気あふれる議論を繰り広げている。利害でつながるのではなく、純粋に刺激を与え合うことで互いを高め合い想いを共有できる関係が、【S70's】の最大の魅力といえる。

「特に印象的なのは、東日本大震災直後に開催した第3回です。みんなで『こんな時だから集まろう』と声をかけあって、これからの日本社会に自分達世代がどのように貢献していくかを語り合いました」

【S70's】では毎回多くの参加者の刺激が交錯している

未曾有の災害経験から学んだ当事者意識
有能な若手弁護士の育成をライフワークに

平成23年3月11日に起こった東日本大震災とそれに伴う福島第一原発事故は、多くの日本人が自らの生き方や

■■■ 三谷総合法律事務所

社会との関わりなどについて見つめ直す契機となった。

これまで盤石だと思っていた日常生活の営みが、いつ脅かされるかもしれないという危機管理意識が芽生え、収入や社会的ステータスよりも人と人との絆の大切さ、仕事の社会的意義や社会貢献への意欲が掻き立てられていった。

三谷弁護士は震災後、神奈川県内の避難所を巡ったり、実際に被災地に赴いたりして無料法律相談を行い、現在も「私的整理ガイドライン運営委員会登録専門家」として被災者の救済にあたっている。

震災後の騒然とした雰囲気の中、法律家として自分に何ができるか考えた結果だと語る三谷弁護士の姿勢には、これからの日本はわれわれの世代が創っていくのだという自覚と気概を強く感じる。

「震災と原発事故は、これまでの私の人生の中で最も衝撃的な出来事でした。情報が錯綜する中、国家が自分たち国民を守ってくれるのではない、自分たち国民と国家はイコールで、自分たちが国家を築いていかなければいけないんだ、という強烈な当事者意識が芽生えました」と振り返る三谷弁護士だ。

「多くの給料は払えないかもしれないが、社会にとって有能な弁護士を育てることはできるかもしれない。この思いから高い志をもつ若手を一人前の弁護士に育てて独立させることをライフワークにすることにしました」と熱く語る。母校慶應義塾大学で約10年間教鞭を執り、「学生を育てた」経験から人が成長する喜びを知ったのも大きかったようだ。

弁護士業界も弁護士数の飛躍的な増加と、長期にわたる国内経済の停滞で、かつての様に「弁護士資格さえあれば」という時代ではなくなった。「弁護士として何がやりたいのか」といった目的意識、

INTERVIEW SAMURAI業

価値意識が際立った専門的な能力と共に強く求められているのだ。

こうした中で、若手弁護士の育成をライフワークとする三谷弁護士の高潔な姿勢は一段と輝きを増す。

三谷総合法律事務所では、採用に際して応募者に法律にとどまらず、なんと事務所の運営に関することまで課題として課している。入所前のこの段階で、すでに弁護士として独立することまで視野に入れたプログラムを考えているのだ。

「採用に至らなかった修習生にも、この事務所の採用活動に参加して良かったと思ってもらえるような取り組みを行っています。また、うちで修業した弁護士には、心と人格を磨き、専門家としても人としても、社会をリードするよう育ってもらいたい」と三谷弁護士は熱く語る。

多くの経営者に慕われる三谷弁護士。5周年パーティーで顧問先に囲まれて

最新の判例法令を学びスキルアップ
全員参加の事務所作りで顧客満足に全力

36

三谷総合法律事務所

時代の推移とともに日々法律や判例は更新され、弁護士にとって常に新しい知識、情報を習得していく努力は欠かせない。三谷総合法律事務所では、若手弁護士を集め、毎月1回の判例法令研究会「SUC三谷会」を開いている。

「最新の法律や判例に詳しい若手弁護士と、法律や判例が実務でどのように応用されるかを知るベテラン弁護士が定期的に集まり、テーマを決めて知識の更新作業をする勉強会です。これまで最新判例研究の他、労働法令研究、倒産法令研究、会社法研究などを行ってきました。ただ単に知識を増やすのではなく、日々の業務と直結した研究を意識しています」と三谷弁護士は説明する。これまでの開催は30回を数え、一度も欠席者が出ていないというから驚きだ。

さらに、三谷総合法律事務所では、毎月「未来創造会議」というミーティングの目的について三谷弁護士は「個々人の心を開き、スタッフ全員が参加している。このミーティングの目的について三谷弁護士は「個々人の心を高めることが事務所の価値、顧客満足を高めることになり、ひいては自分の幸せになることを実感してもらいたい」と語る。

HPのアイデアを出し合ったり、失敗談の反省会をしたり、企業哲学に関する著書を輪読するなど、毎回明確なテーマで仕事の意識の持ち方を共有し、お互いを高め合う企画に継続して取り組んでいる。また、「顧客満足」という初心を忘れないため、外部から講師を招きスタッフ全員でマナー研修を受講する意欲的な取り組みも定着している。

三谷弁護士の仕事や仲間に対する強い想いは、さまざまな勉強会や懇親の場を通して確実にスタッフに伝わっている。

想いを共有できる仲間を増やして共に発展を
解決後依頼者との握手こそ弁護士冥利に尽きる

三谷総合法律事務所は、独創的な事務所運営や独自性を発揮した事業展開を繰り広げて着実に質量ともに業容を伸ばしている。

30代の若さですでに数十社と顧問契約をしているという三谷弁護士は今後の展開について、「顧問先は人生のパートナーです。これまでの取り組みをさらに発展させ、顧問会社を増やして共に成長できればと考えています。ご相談いただいた会社の成長への明確な指針となれるのが私の強みです。選択肢だけを示して判断を相手に委ねるようなことはありません」と語る。

また三谷弁護士は、自らの事務所で共に活動している若手弁護士を一人でも多く一流の弁護士に育てていきたいと熱意を見せる。

目先に一喜一憂するのではなく、10年先、20年先を見据えた次代を俯瞰する大局的な視野と、何が人間にとって一番大切なのかという価値意識に基づくしっかりした軸足に立つ三谷弁護士に多くを教えられる。

「顧問契約をする時、お引き受けした事件が解決した時、私は依頼者の方と必ず握手をします。これからも何百、何千回とこの握手の握手が弁護士になってよかった、と一番実感する瞬間です。これからも何百、何千回とこの握手をしていければと思います」

少しはにかみながら笑みを浮かべる三谷弁護士。今日もさまざまな問題を抱えて悩む依頼人が三谷総合法律事務所のドアを開ける。

三谷　淳（みたに・じゅん）

PROFILE

昭和50年7月生まれ。横浜市出身。平成8年11月慶應義塾大学法学部3年時に司法試験合格。平成10年3月慶應義塾大学法学部法律学科 卒業。平成12年4月弁護士登録(横浜弁護士会)。平成13年4月〜16年3月慶應義塾大学司法研究室講師。平成17年9月〜18年3月慶應義塾大学法科大学院(ロースクール)講師。平成18年10月 三谷総合法律事務所設立。平成20年4月〜24年3月慶應義塾大学法学部講師（三田キャンパスにて民法演習担当）。平成23年7月横浜市建築審査会専門調査員。同年8月私的整理ガイドライン運営委員会登録専門家

INFORMATION

三谷総合法律事務所

所在地　〒231-0005　横浜市中区本町2丁目15番地
横浜大同生命ビル2階
TEL 045-309-5010（電話受付時間：平日9:30〜17:30）
URL http://www.mitani-law.com/

アクセス
- みなとみらい線「日本大通駅」1番出口より徒歩2分
- JR京浜東北線「関内駅」南口より徒歩9分
- 横浜市営地下鉄「関内駅」1番出口より徒歩7分

■車でお越しの方
- 首都高速　みなとみらい出口より5分、横浜公園出口より3分、板東橋出口より8分(周辺の有料駐車場をご利用ください。)

設立　平成18年10月

取り扱い分野

【企業法務】
顧問契約、債権回収、労使関係、不動産取引、各種契約書作成など
【一般民事事件】
離婚、相続、交通事故、不動産、労働問題など
【三谷総合法律事務所の5つの特色】
1. ベテラン弁護士と若手弁護士のいいとこ取り。
　〜業界初！「三人寄れば文殊の知恵」〜
2. お電話一本で相談予約の日時を認定いただけます。
3. 土曜日や夜間などの相談に対応いたします。
4. 相談のみのお客様を歓迎し、ていねいなご説明をいたします。
5. 法律にまつわるあらゆるニーズにお応えします。

INTERVIEW

日本の未来を見据えた法整備に尽力
熱意と正義感溢れる不動産法務のエキスパート

Life and business are supported forcibly.

「より住みやすい社会の実現に向けて、一法律事務所として全力投球していきます」

吉田修平法律事務所
弁護士　吉田 修平

SAMURAI 業

吉田修平法律事務所

家主、借主の双方にメリットのある定期借家制度 定期借家の存在とメリットをもっと知って欲しい

「賃借人が家賃を長期滞納しているが、どうすればいいのか」「建物を貸しているが、建物が老朽化したため建て替えたいと思っても借家人が出て行ってくれない」など、不動産を巡るトラブルが最近とみに多くみられる。

私たち国民にとって、不動産は最も身近で重要な財産であり、生活の基盤となるものだ。それだけに、住居トラブルや不動産相続対策、底地や借地の権利調整といった様々なケースで、「時代に即した法律」の必要性が増している。

こうした時代背景の中で昭和61年4月に法律事務所を開設以来、幅広い視野と長期的な展望に立って日本の法整備に力を尽くしてきたのが、吉田修平法律事務所の吉田修平弁護士である。

吉田修平法律事務所は、法人、個人を問わず依頼者からのあらゆる法律相談に対応できる体制を整えているが、とくに借地借家法に関する不動産法務や、相続・事業承継などを得意としている。新聞や幅広いジャンルの出版物に不動産関連の原稿を多く執筆するほか、不動産法務のセミナーを各地で精力的に開催している吉田弁護士のもとには、さまざまなトラブルを抱えて相談に訪れる依頼者が引きも切らない。

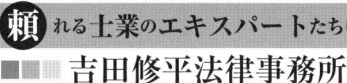

「日本では戦中の住宅不足解消のために制定された、戦時立法による借家人保護の考え方が戦後も

41

長く浸透してきました。つまり借家人有利の普通借家制度が一般化したのです」と語る吉田弁護士。

この普通借家制度のもとでは、不動産オーナーが建物を売却したり修繕などをする場合、借家人にどうしても立ち退いてほしいと思っても、なかなかこちらの意向が伝わりにくい。場合によっては借家人から高額な立ち退き料を請求されるケースもある。

居住用ではない商業用ビルのテナントでさえも、借家人有利のルールが適用されてきた。このため不動産オーナーは、永住の可能性が高いファミリー向け賃貸などを避け、学生向けのワンルームマンションなどに投資する傾向が続いてきた。

戦前の借家率は8割弱と非常に高い水準にあったが、今では半分以下に低下している。しかも、高齢者やシングルマザー、外国人など本当に借家を借りたい人が借りづらい状況にあり、それは改善されることがなく社会問題となっているのだ。

こうした事態を改善すべく、吉田弁護士が、経済学者や政治学者とともに定期借家権の議員立法に尽力した結果、平成10年6月に借地借家法改正案が国会に提出され、平成12年3月に施行された。

「この法律が施行されたことによって、期間が満了すれば必ず借家が返ってくる定期借家権が借家契約の新たな選択肢に加わりました。定期借家制度によって、家主は家を貸しやすくなり、結果として借り主も借りやすくなります。住みよい社会を創っていくためにも、不動産オーナーや借家人のみなさんには、定期借家の存在とメリットをもっと知っていただきたいですし、知らせていかなければならないと思っています」と当時を振り返りながら語る吉田弁護士。

同事務所では定期借家住宅に関する契約実務の書籍や冊子を執筆し、定期借家権の理念を広め社会貢献するべく幅広い活動を行っている。

また、東日本大震災で被災した人々の役に立ちたいとの思いから「Q&A震災と建物賃貸借」を

頼れる士業のエキスパートたち ●暮らしとビジネスを力強くサポート●

吉田修平法律事務所

吉田修平法律事務所を支える精鋭集団

高齢者が安心して暮らせる住まいと町づくりに奔走 解説本「サービス付き高齢者向け住宅のすべて」を刊行

超高齢社会の到来に伴い、平成27年には65歳以上の高齢者がいる世帯は現在より490万世帯増えて約2030万世帯にふくれ上がると言われており、高齢者が賃貸住宅の重要な入居者層となっていくことは間違いない。

高齢者の負担を軽減する賃貸住宅の法整備が求められるなか、平成13年8月に施行された終身借家制度の立法化にも吉田弁護士は大きく関わっている。

平成12年に、建設省に請われて就任した「高

刊行し、分かりやすい解説で震災後の借家問題に悩む人達の支援を行なっている。

吉田弁護士は多くの書籍を著している

齢化社会に対応した安心して暮らせるまちづくり研究会委員」を始めとして、専門家集団の英知を結集して練り上げられた「高齢者の居住の安定確保に関する法律（高齢者居住法）」は、高齢者単身、夫婦世帯等が終身にわたり安心して賃貸住宅に居住できる仕組みを作り出した。借家人が生きている限り借家権が存続し、死亡したときに終了する。その際、この借家権は相続人に相続されない。つまり借家人一代限りの借家契約を結ぶことができるのだ。

これまで日本の借地借家法では、このような不確定期限による借家は認められていなかった。借家権の相続をなくしたことによって、オーナーにとっては安心して高齢者に貸すことができるようになったといえる。

「高齢者居住法」は平成21年に改正されて「高齢者住まい法」と略称を変更し、ライフスタイルに合わせて住宅を選択できるようになった。これからの超高齢社会にふさわしい、新たな時代を切り開く法律として注目を集めている。

「バリアフリー住宅や生活支援サービス付き高齢者住宅（平成23年創設）が、今後更に普及すると予想されます。国の補助金は1戸あたり上限100万円で、よりスムーズに高齢者賃貸住宅が社会に受け入れられるよう、私が国土交通省で『サービス付き高齢者向け住宅』の参考契約書の作成をお手伝いし、また、私たちの事務所では解説書の制作にも力を入れています」と意欲満々の吉田弁護士だ。

吉田修平法律事務所

不動産の中間省略登記の代替案を確立 「吉田方式」と呼ばれる画期的な不動産売買方式

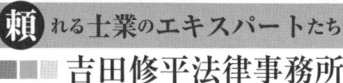

吉田修平法律事務所では「サービス付き高齢者向け住宅のすべて」をQ&A方式でわかりやすく解説している著作を発表したほか、高齢者住宅の近況と法律上の課題をテーマにしたセミナーを開催するなど、精力的な活動を続けている。

これまで不動産登記の実務では、不動産物件が売買などで移転した場合に、不動産業者などの中間者への登記を省略し、最終的に物件を取得した者に直接登記を移転する中間省略登記と呼ばれる方式が採られていた。これによって登録免許税や不動産取得税が省けるといった利点があったが、平成17年の不動産登記法改正によって中間省略登記ができなくなってしまった。

吉田弁護士は内閣府の規制改革会議に協力し、法務省や国土交通省との協議を行うなど中間省略登記の代替案の成立に尽力してきた。その結果、吉田弁護士が提案し実用化されたのが、直接移転売買方式と呼ばれるものだ。この方式は、2回の売買契約を行うが中間者に所有権を移さないため不動産取得税が掛からないが、物件取得者に直接登記を移転する転売方法となっており、吉田方式とも呼ばれている。

「この制度が認められたことで、中間省略登記が可能だった当時と同じぐらい不動産流通コストを削減することが可能になりました。不動産業界、ひいては日本経済の活性化に繋がってくれればと願っています」

INTERVIEW
SAMURAI業

吉田弁護士は、これまで国土交通省や厚生労働省、法務省などで委員を歴任するとともに、政策研究大学院大学の客員教授も務めるなど若手法律家の育成に携わってきた。著書として借地借家法や倒産、相続、競売などに関わるものを多く発表し、日本不動産学会や都市住宅学会など多くの学会から著作賞などを受賞している。また平成６年以降、家庭裁判所の調停委員を務めており、相続と不動産との関連事件も数多く取り扱っている。

吉田弁護士の多年にわたる功績を讃えて贈られた感謝状

父親の背中を見て不動産関連分野に注力
自ら信ずることを進んで行い時代の一歩先を行く

吉田弁護士は昭和52年に早稲田大学法学部を卒業し、司法試験に合格。以来弁護士として30年以上のキャリアを積み、各分野で八面六臂の活躍を続ける。不動産分野に特化した弁護士を目指した原点は亡くなった父親への思いがあった。

「親父は不動産関連の事業をしていて、いつも非常に苦労している姿を見てきました。もっといい弁護士がついていれば

46

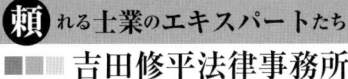

■■■ 吉田修平法律事務所

不動産関連の法律を国民の身近なものに！
とことん国民の立場で活動する信頼の弁護士

親父も苦労しなかったのではと感じたことがあります。他士業との交流の中から踏み出した不動産分野ですが、根底には事業で苦労した親父の背中がありました」と吉田弁護士はしみじみ語る。

勤務弁護士から独立し、妻と二人三脚で始めた法律事務所には、自らの仕事に生きがいをもち、率先して取り組み、必ずやり遂げるという強烈な意志が漲る。

「定期借家権の立法化を始めとした様々な取り組みのすべてに言えることですが、私は人のやらないことでも、世の中の役に立てることであれば、進んで着手することによって時代の一歩先を行くことができると確信しています。既得権益に甘んじることなく、正しいと思ったらとことん突き進む。志を同じくする若く優秀な弁護士達と、人間的にもレベルの高いスタッフに囲まれ、事務所のメンバー全員にこうした考え方が根付いていることに、大変満足しています」と語る吉田弁護士。

100の言葉より1つの実行という格言がある。「借家人の権利を守れ」と社会正義や弱者保護を言葉で語るのは簡単なことだ。国民の法的ニーズを受け止め、問題に応じて適切な解決方法を選択し、訴訟をはじめとする諸々の紛争解決手続に携わっていくのが弁護士の基本的な役割だ。

それだけにとどまらず「法律を国民生活に近づける」姿勢を持ち、身を粉にして法律の改正に尽力している吉田弁護士の取り組みは、これからの法律家にとって本当に必要な指針を示しているような気がしてならない。

INTERVIEW
SAMURAI業

開業以来、人との縁を大切にして立法の手伝いを含めた多大な社会貢献を果たしてきた吉田弁護士だが、今後の夢をこう語ってくれた。

「1つ目は、これまで取り組んできた不動産分野を中心とした法律を国民にとって身近なものにする流れをさらに更に発展させていきたいと考えています。2つ目は後継者の育成です。同じ志を持って一緒に取り組める仲間を増やしていきたいのです」

現在吉田弁護士は、日本相続学会の立ち上げに参加している。みんなが幸せになれる相続のあり方が広がって行けば、との願いから寸暇を惜しまず力を尽くしている。

今後の夢の3つ目として吉田弁護士は『人間学』(哲学)を挙げる。「東日本大震災の復旧支援活動の中で精神の大切さが強く叫ばれました。私は、どんな過酷な環境下にあっても、明るく楽しく元気に過ごせるよう被災者の皆さんの精神的な支えとなり、法律家の立場から少しでもお役に立ちたいと思っています」と力強く語る。

また、吉田弁護士は東西で600人の会員を擁するビジネス会計人クラブに参加しており、春に京都で行われる同クラブの集いでは「人間学と法律～戦いの場において平常心を保つには～」のテーマで講演を行うなど幅広い活動を繰り広げている。時間を見つけては事務所近くの愛宕山をウォーキングするなど、鍛練も絶やさない。

「大多数の国民の幸せ、利益のために不動産に関する様々な制度をより合理的に改善する努力を積み重ねて、より住みやすい社会の実現に一法律事務所として全力投球していきます」

熱く語る吉田弁護士に、社会正義に一身を擲つ法律家の神髄を見る。

吉田 修平（よしだ・しゅうへい）

昭和27年6月生まれ。
昭和52年3月早稲田大学法学部卒業。昭和57年4月弁護士登録、第一東京弁護士会入会
昭和61年4月吉田法律事務所開設。

〈所属・活動〉第一東京弁護士会、社団法人日本不動産学会、社団法人都市住宅学会、資産評価政策学会（理事）、日本相続学会（副会長）、法と経済学会、NPO法人 首都圏定期借地借家権推進機構（副理事長）、NPO法人 会計参与支援センター（監事）、ビジネス会計人クラブ（監事）、都市的土地利用研究会、政策研究大学院大学客員教授

〈主な著書〉「不動産相続の法律実務」（学陽書房／平成24年）、「不動産賃貸借の課題と展望」（共著／商事法務／平成24年）、「Q&A震災と建物賃貸借」「Q&Aサービス付き高齢者向け住宅のすべて」（ともに金融財政事情研究会／平成23年）、「実務解説 借地借家法」（共著／青林書院／平成20年）、「中間省略登記の代替手段と不動産取引」（共同編集／住宅新報社／平成19年）。他に共著、共同編集、論説など多数。

吉田修平法律事務所

所在地 〒105-0001 東京都港区虎ノ門3-7-8
ランディック第2虎ノ門ビル9階
TEL 03-5776-0455　FAX 03-5776-0466
E-mail　yoshida@s-yoshida-law.com
URL **http://www.s-yoshida-law.com/**

アクセス
●地下鉄日比谷線「神谷町駅」4a番出口より徒歩3分
●地下鉄銀座線「虎ノ門駅」2番出口より徒歩7分

設　立 昭和61年4月

事業内容
●不動産（特に借地借家）に関する法律業務
●サービス付き高齢者向け住宅に関する法律業務
●相続に関する法律業務（遺言、遺産分割）
●その他一般民事及び会社法務に関する法律業務、法律顧問
●上記に関連する講演会・セミナー等活動
●社員教育用の社内誌等を含む、新聞・雑誌等への原稿執筆活動及び専門書の執筆

INTERVIEW

柔らかい物腰で依頼人の心を癒す交通事故問題のエキスパート

Life and business are supported forcibly.

「何より依頼者が納得し、満足な形で解決を図ることが最重要です。そのために全力でサポートしていきます」

リベルタ総合法律事務所
弁護士　齋藤 優貴

SAMURA業

リベルタ総合法律事務所

司法制度改革の象徴、法科大学院1期生
事故被害者の身近なパートナーを願って独立開業

大阪証券取引所を中心に金融街として知られる大阪市中央区北浜周辺は、古くは大村益次郎や福澤諭吉などを輩出した緒方洪庵の適塾の存在や、明治初期に三権分立や二院制議会など立憲政体の流れを決定づけた大阪会議が開かれるなど、日本の近代化と発展に大きな役割を果たしてきた。

そんな歴史と伝統ある北浜の駅近くで、平成22年6月に開設以来、交通事故問題を中心に依頼人の「守り神」として日夜奮闘を続ける弁護士がいる。リベルタ総合法律事務所の齋藤優貴弁護士がその人だ。感情的になりがちな交通事故案の相談にも、丁寧に誠実に対応してくれる齋藤弁護士の人柄はどこからくるのか。まずは齋藤弁護士のこれまでの足跡を辿ることにしよう。

21世紀に入って以降、裁判の迅速化、法曹界の人員拡充などの必要性から大幅な司法制度改革が実施されてきた。その特筆すべき一つが平成16年4月に創設された「ロー・スクール」と呼ばれる法科大学院制度である。

法科大学院とは、法曹の質を維持しつつ法曹人口の拡大を求める社会の要請に応えるために、新しい時代の法曹養成制度として導入された。齋藤弁護士は同志社大学法学部卒業後同大学法科大学院の1期生となった。その後司法試験に合格し司法修習を経て大阪市内の法律事務所に入所した。

弁護士を志した動機について齋藤弁護士は、「目の前の相談者のお役に立ちたいということはもちろんですが、裁判を通じて判例をよりよい物に変えていくといった弁護士ならではのダイナミック

な業務に魅力を感じました」と語る。

弁護士登録後約2年半の研鑽を積んで平成22年6月に独立開業した。事務所は地下鉄北浜駅から近い、1階に花屋があり入口の大きな木製の扉が印象的な北浜山口ビルの7階にある。

「以前いた事務所でも今までの法律事務所の堅苦しいイメージを変えようと、立地や建物を含めた事務所の雰囲気作りに工夫を凝らしていました。私もそれを見習って依頼者の方にリラックスしていただけるように、堅苦しくない親しみやすい事務所の雰囲気作りを心掛けています」と気楽さをアピールする。

交通事故被害者のために力を尽くす丁寧な仕事で依頼人を親身にサポート

近年、飲酒運転に対する厳しい取り締まりやシートベルト着用の義務化などが奏功して死亡事故は減少傾向にある。しかし、自転車と歩行者の接触事故の増加など、交通事故に関する話題はつきない。

リベルタ総合法律事務所では「交通事故被害者サポート大阪」というサイトを作り、交通事故で被害にあった人々のサポートに全力を挙げている。交通事故にあった当人だけでなく、家族や友人が被害にあった時も参考になるものだ。

「私たちの事務所ではこれまで交通事故で被害を受けられた方々からの多数の相談や依頼を頂戴し、適正な被害回復に向けてお手伝いに全力を挙げてきました。しかし、今もって大多数の交通事

■■■ リベルタ総合法律事務所

若い力で依頼者のために全力を尽くす齋藤優貴弁護士（左）と杉本圭弁護士

故被害者は法的に妥当かつ納得のいく補償を得られているかどうかを判断する機会のないままに、加害者の保険会社が提示する内容での示談に応じているのが実状です」と現状を語る。

「被害を受けられた方々が適正な損害賠償額を得ることはもちろん重要ですが、交通事故後の様々な負担から解放されるには、解決までの過程が最も重要です。単に書面上の示談やお金のやり取りではなく、何より依頼者が納得し、満足な形で解決を図ることが最重要です。このために全力でサポートしていきます」と語る齋藤弁護士。

齋藤弁護士は交通事故事案に精通していた前事務所での経験を生かし、サイト内のブログで交通事故被害者に向けて定期的に情報を発信している。

「事故にあわれた方がまだ治療を続ける必要があるのに加害者側の保険会社が打ち切りを言ってくるなど、被害者の精神的な負担はとても大きいものがあります。弁護士に依頼すれば

INTERVIEW SAMURAI業

ご相談による3つのメリット

- 賠償金額の増額
- 保険会社への請求・交渉
- 解決までしっかりサポート

弁護士ならではの相談するメリット

代理人として交渉に伴う被害者の負担を軽減し、仕事や治療に専念していただくことができます。争点の有無、内容が明らかでない事故直後の段階でもご遠慮なくご相談ください」

交通事故は、被害にあった状況はもとより、その時の被害者の心身の状態・天候などによって類似した状況下の事故でも事情はそれぞれ大きく異なっている。それだけに被害者に対する細やかで丁寧なサポートが必要だ。リベルタ総合法律事務所では、事故直後の交渉から最終的な問題の解決まで一貫して、弁護士が丁寧に直接サポートしている。

保険契約の弁護士費用特約をチェックしよう 弁護士に相談してこそ得られるメリット

弁護士費用特約とは、交通事故で被害者になった時、加害者への損害賠償請求を弁護士に代理になって行ってもらう際の弁護士費用の全部または一部を保険会社が負担してくれる制度のことだ。

リベルタ総合法律事務所

「弁護士費用を自己負担する必要はないので、被害者の強い味方となる保険商品です。交通事故にあった時、保険に弁護士費用特約があるかどうかを、ご自身やご家族の契約内容をよく確認してください」と齋藤弁護士はアドバイスする。

また交通事故で被害を受けた場合、弁護士の助力を受けることなく被害者が直接保険会社と話し合って示談に至るケースが多く見られる。こうした場合は支払われる賠償額は適正かつ充分でないケースもあるという。

「適正な賠償額を獲得するためには、示談に入る前に弁護士に相談されることを勧めます。慰謝料の算定基準には、自賠責保険の基準、各保険会社の基準、裁判所で用いられている基準の3つがあり、一般に後者ほど高額に算出されます。弁護士が保険会社と交渉する場合には、裁判所で用いられる基準に基づいて保険会社と交渉しますので、慰謝料を大幅に増額できるケースがあります」と説明する。

さらに続けて、「収入のない専業主婦でも家事労働に支障が生じた場合には休業損害を請求できますが、あまりご存じでない方が多いのではないでしょうか。弁護士が被害者の実態に応じた適切な損害賠償請求を行うことによって、賠償金額が増額されるケースは少なくありません」と指摘する。

保険会社に休業損害を請求しようと思っても、どのような資料を用意して請求すればよいのかわからない時に弁護士に依頼しておけば、保険会社への請求やその後の交渉を安心して任せることができる。

交通事故が発生してから解決に至るまでのプロセスは結構時間がかかるものだ。関連する法体系の変化も激しい。このため齋藤弁護士は大阪弁護士会が主催する連続市民講座で、交通事故の被害者向けセミナーの担当講師をしている。

INTERVIEW
SAMURAI業

齋藤弁護士の経験と知識の豊富さは折り紙つきだ。交通事故に特化した法律事務所も全国的に増えているが、後遺障害の等級が一定の級に達していないと受任しないなど、依頼者のための充分なサポートがどこの法律事務所でもできているとは言い難い。

懇切丁寧に依頼者の話を聞くのがモットーだ

「私たちの事務所では後遺障害の等級などにとらわれず、交通事故で被害にあわれた方々のために基本的にどんな事案でもお引き受けしています。大阪府下はもちろん、近隣の府県のみならず、全国からのご相談に対応しています。初めて交通事故にあわれた方は、これから先の展開が分からないので、とても不安だと思います。特に争点がない段階でも、今後の留意点や予想される展開について説明させていただきますので、お気軽にお問い合わせください」

コンプライアンス強化で増加する企業法務相談　少年事件では未来ある子ども達のために東奔西走

リベルタ総合法律事務所では、交通事故事案を中

リベルタ総合法律事務所

**偉大な先人に学ぶ情熱と高い向上心で社会貢献
他士業との連携で幅広くきめ細やかなサービスを提供**

心に、任意整理・自己破産・債権回収などの一般民事事件、離婚・相続・遺産分割などの家事事件、少年事件を含む刑事事件など幅広く取り扱っているが、最近では企業のコンプライアンス強化に伴う事案も増えているという。

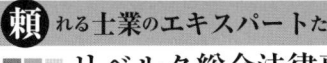

「さまざまな契約書のチェックのほか、会社の信用を高めるためにコンプライアンス体制を整えたいという依頼が多く寄せられています。長引く不況の影響で、取引先の支払いが滞るなどのトラブルにも、これまで培った債権回収のノウハウを活かして対応しています。個別の相談、依頼に応じることはもちろん、顧問契約も含めた継続的なお付き合いによる信頼関係の中で経営上のトラブル全般に対応しています」

齋藤弁護士はまた、少年事件を含む刑事事件にも力を入れていきたいと意気込みをみせる。

「修習生の頃から少年事件には関心がありました。私たち弁護士の関わり方次第で少年、少女の人生が大きく変わってしまうこともあります。とくに事件を起こして逮捕された直後は、限られた時間の中でできる限りのことをしていく必要があります。大人の責任として彼、彼女たちに真摯に向き合って対応することで、その後の成長に繋がってくれればと願っています」

言うは易し行うは難しというが、齋藤弁護士は子どもの権利委員会に所属して積極的に活動している。その柔らかい誠実な語り口で、きっと少年少女たちが立ち直る道筋を示してくれることだろう。

事務所開設以来順調に顧客を獲得し業績を伸ばしているリベルタ総合法律事務所だが、今後の活動について齋藤弁護士はこう語る。

「他士業との連携や法人化も含め将来的には事務所を拡充し、今までよりもさらに取り扱い分野を増やすとともに、よりきめ細やかなサービスを提供していきたいと考えています」

平成25年1月から始まった大河ドラマ「八重の桜」が好評だ。主人公は「幕末のジャンヌダルク」と讃えられ、後に同志社の創始者となる新島襄の妻となった会津出身の新島八重の物語だ。齋藤弁護士は福島県会津若松市の出身で、出身大学も同志社だけにこの大河ドラマとは縁が深い。

「会津若松市でも、京都の同志社でもNHKの大河ドラマ『八重の桜』は盛り上がりを見せているようで、震災から復興途上の福島県にとっても明るいニュースです。生涯自分の可能性に挑み続け、すべての人の幸せを願った八重さんを始めとする会津の先人達にはいつも励まされます」と熱く語る齋藤弁護士だ。

会津人の性格を表す言葉として〝会津の三泣き〟というのがある。「会津に来たときはその閉鎖的な人間関係に泣き、なじんでくると人情の深さに泣き、去るときは会津人の人情が忘れ難く泣く」というものだ。

義理人情に溢れる会津士魂を内に秘めて日々まい進する齋藤弁護士の元には、相談に訪れる依頼人の大きな信頼と期待が寄せられている。

PROFILE

齋藤 優貴（さいとう・ゆうき）

昭和55年9月生まれ福島県会津若松市出身。
平成18年同志社大学法科大学院修了。同年司法試験合格。平成19年司法修習修了（新60期）。大阪市内の法律事務所に勤務。平成22年6月、リベルタ総合法律事務所開設。

〈所属・活動〉
子どもの権利委員会（大阪弁護士会）、人権擁護委員会（大阪弁護士会）、広報委員会（大阪弁護士会）、大阪府立大型児童館ビッグバン指定管理者評価委員会委員長（現職）

INFORMATION

リベルタ総合法律事務所

所在地　〒541-0042　大阪市中央区今橋1-8-14
　　　　　北浜山口ビル7階
　　　　　TEL 06-4707-3515（代表）　FAX 06-4707-3533
　　　　　URL http://www.liberta-law.jp/

アクセス
- 地下鉄：堺筋線「北浜駅」3番出口南隣り
- 京阪電鉄：京阪本線「北浜駅」3番出口南隣り

設立　平成22年6月

取り扱い分野
交通事故・任意整理・多重債務・自己破産・債権回収などの一般民事、企業法務（顧問契約）
離婚・財産分与・相続・遺産分割・成年後見などの家事事件、少年事件を含む刑事事件

□**方針と特徴**…当事務所は、交通事故事案を中心に、任意整理・自己破産・債権回収などの一般民事事件、契約書チェックや労務に関する中小企業法務、離婚・財産分与・相続・遺産分割などの家事事件、少年事件を含む刑事事件など広く一般に取り扱っております。
まずは弁護士がお話しを丁寧に伺い、ご事情・ご希望に応じた解決方法を提案いたします。何事も早期にご相談いただくことが解決に向けての一番の近道です。

INTE®RVIEW

人の縁ともてなしの心を大切に
気さくで誠実な税務問題のエキスパート

Life and business are supported forcibly.

「会社やオーナーの為に全力で取り組む姿勢を評価していただける方々とのお付合いを主眼としています」

新大阪総合税理士法人
税理士　菅野 泰行

SAMURAI業

■■■ 新大阪総合税理士法人

国税局勤務26年で得た経験と知識
社会に還元し喜ばれる仕事をめざして独立開業

日本経済が「失われた20年」と言われて久しい。これまでの日本経済を支えてきた屋台骨である中小企業は日本における全企業の99％以上を占めている。ところがその中小企業は、平成20年に起きた「リーマン・ショック」と呼ばれる金融危機後に生じた景気低迷で最も大きな打撃を受けている。人口の高齢化や減少に伴う需要の縮小が進む国内経済の状況を見ても先行きは極めて不透明だ。

こうした中、20年以上勤めた国税局の管理職という安定した職を投げ打って平成23年に事務所を開設以来、不安にかられる経営者のために日夜奮闘を続ける税理士がいる。新大阪総合税理士法人の代表、菅野泰行税理士がその人だ。固いイメージのある国税局出身にも関わらず、柔和な笑顔と柔軟な発想で資金繰りに悩む経営者の心にひとつずつ誠実に応える姿勢はどこから来るのか。まず菅野税理士の足跡を辿る事から始めよう。

平成24年に放映されたテレビドラマで好評を博した「トッカン―特別国税徴収官―」をはじめ、国税局や税務署を舞台にした作品はいくつかあるものの、国税職員は一般市民にとってはなじみの薄い仕事と言える。むしろ経営者に対する威圧的調査が紙面を賑わせたり、最近の公務員批判の風潮と相まって国税職員に対する誤解も多い。

同志社大学卒業後、一般企業を経て国税専門官として大阪国税局に入局した菅野税理士だが、税理士を志す転機はどこにあったのだろうか。

「多くの経営者と出会い様々な事業の裏側を見てきましたが、正直若い頃は苦労している経営者の

INTERVIEW
SAMURAI業

自ら足を運び時間をかけた丁寧なサポート
明日の日本経済を支える若い経営者たちを支援

 ことなんか考えたことはありませんでした。40歳を過ぎたころから物事を広い視野で見られるようになると、不利な立場に立たされている経営者の方々にアドバイスしてあげられないものかと思うようになりました。しかし自主申告である以上、経営判断されていることに口を差しはさむことは控えざるを得ません。年々もどかしさを感じていましたが、50歳の時、不利な立場に立っておられる方、苦労されている経営者に喜ばれる仕事がしたいと思い立ち、51歳になった平成23年7月に退職して開業しました」と語る菅野税理士。在職中は国税庁部長表彰を受賞するなど、仕事の達人としても知られる税務署の幹部職員として活躍していた菅野税理士だが、安定した仕事を捨て独立開業することに不安はなかったのだろうか。

「家族からは反対されました。なかなか理解はしてもらえなかったですが、最近は国税局時代に比べると表情が優しくなったと言われます」

 出会った人みんなに本当に喜んでくれる仕事がしたいという菅野税理士の姿勢に共感し、平成24年4月に国税局時代の同僚だった牧村健治氏が、さらに9月には先輩の小林一良氏が合流した。登録者7万人を超える税理士業界の中には、何とか目立とうとわずか数年しか勤めていないにもかかわらず、元国税局勤務の肩書をひけらかして宣伝している人や、定年後片手間に税理士業務をしている人も多い。こうした中で、酸いも甘いも噛み分けた現役バリバリの職員があえて独立開業し、悩める経営者のために日々奮闘する姿は、自分さえよければという時代の風潮に一石を投じている。

62

新大阪総合税理士法人

前列左から小林一良税理士、牧村健治行政書士、菅野貴行FP

新大阪総合税理士法人の税理士業務の柱の一つは、税理士自らが定期的に足を運び個々の企業の実情にあった節税などの具体的な提案を行っていることだ。

「長年、税務で苦労されてきた経営者の助けになれればと思っています。経営者は孤独なものです。資金繰り、経営戦略の策定、将来に向けての資産形成などやらなければならない事がたくさんあります。会社の業績と個人の財産を総合的に把握したうえで、的確で具体的なアドバイスができるよう努めています」と語る菅野税理士。経験に裏打ちされた丁寧な仕事の結果、会社によっては30万円から最高6000万円も節税に成功したという。

「ある町工場の社長さんは大手税理士法人の担当者に任せ切りでした。毎年、完成した申告書を見せてもらって、納税しているだけだったからです。私が詳細に事情をお聞きして、当期と来期の利益を平準化するだけで、50万円程度納税額が減少しました」

また、不動産売買、賃貸会社の場合は丁寧な聞取りと在庫不動産の簡易評価を行った結果、

趣味の海に出てリフレッシュする菅野税理士

損失が発生している在庫物件を探しだし、期末までに売却処分することを勧め、多額の納税額の圧縮につなげることができた。

社長からは「今までの税理士は、路線価しか見ないで物件価格を算出していたのに、先生のおかげで助かりました」と大いに感謝されたという。これこそ菅野税理士の税務業務の真骨頂である。もう一つの柱として、これからの日本経済を支える若い経営者たちを支援し、税務会計を一から丁寧に指導している点が挙げられる。

「社長が20代で、開業したばかりの会社の顧問をいくつか手掛けていますが、私達にとっては自分の子どもを育てている様な感覚です。若い経営者のバイタリティーに逆に私たちが学ぶ点も多くあります。今はまだ起業家ですけれど、将来一人前の企業家として成長していってくれればと願っています」

HPで器の立派さを誇る事務所が多い中、菅野税理士のように手間暇かけた丁寧なサービスを行う税理士事務所は異例と言える。

「私たちは従業員に任せ切りにしてまで顧問先を増やそうとは考えていません。また、安ければいいという経営者もお付き合いしたいとは思わないです。会社やオーナーの為に全力で取り組む姿勢を評価していただける方々とのお付き合いを主眼としています」と菅野税理士はきっぱり語る。

中小企業や起業したての経営者を取り巻く環境は日々めまぐるしく変化している。放置すれば大病になるが、定期的に薬を処方しておけば小康状態を保ち改善へ効果的に対策を打つことができる。定期訪問やLINE、メールを駆使したアフターケアを大切にしている新大阪総合税理士法人には、ビジネスドクターとしての役割がますます求められている。

64

新大阪総合税理士法人

税理士と行政書士が相互に経験を活かす 知識と経験を社会還元の立場で多様なサービスを提供

新大阪総合税理士法人の事務所には新大阪総合行政書士事務所が併設されている。担当するのは牧村健治行政書士で、国税局時代に行った公売は113回と前人未到の回数を誇る不動産公売のエキスパートだ。

「建設業などの許認可業務に関するサポートはもちろんのこと、新規開業または相続や事業承継を視野に入れた節税策としての法人設立に対する支援を、菅野税理士と連携して行っています。急速に進展する高齢化社会を反映して、何でも気軽にご相談下さい」とアピールする牧村行政書士だ。最近遺言書作成や生前贈与に関する相談が増えているという。

「昔は長男が家を継ぐから多く相続するといった暗黙の了解がありましたが、今は兄弟それぞれの考えの違いからトラブルとなるケースも多く見うけられます。万一の場合に備えた遺言書の作成から、不動産を中心とした相続方法まで、様々なアドバイスを行って依頼人の財産を守ることに努めています」と牧村行政書士。土地に関しては税務の問題も大きく関わってくるため、菅野税理士と牧村行政書士は互いの経験と知識を活かしながら共同して、色んなパターンについての具体的な収益モデルを依頼人に提案したりしている。

「例えば土地付きの一軒家の場合を例にとれば、売る場合、駐車場にする場合、アパートを建てる場合、とそれぞれのケースをレポートで依頼人に提案します。依頼人の資金力、立地条件、家族構成などの状況でコンサルティングの内容は大きく変わってきます。建託会社や不動産売買業者だと一つのパターンしか提案できない場合が多いのですが、私たちの強みはどの分野にも偏らない公平

INTERVIEW
SAMURAI業

テーブルを囲んで中央が蟻本平治税理士、右に矢倉良浩弁護士、伊藤玉喜不動産鑑定士

なコンサルティングが可能です。これによって、本当に依頼人の利益になる提案ができるのです」と菅野税理士は強調する。

このほか、ファイナンシャルプランナーの肩書を持つ菅野税理士の実弟である菅野貴行氏が、新大阪総合コンサルティング㈱の代表として企業の実情に応じた節税型保険の提案を行っている。さらに福利厚生や、将来発生する退職金の資金繰りにも貢献している。

自社の利益のみに走るのではなく、知識と経験を社会に還元する立場で業務に取り組んでいる新大阪総合税理士法人だからこそ、可能なサービスだといえるだろう。

> "えにし"で結ばれた他士業との同志的な絆
> 「人に喜ばれる仕事がしたい」という共通の想い

「法は万人に開かれたもの」と言われるが、改

■■■ 新大阪総合税理士法人

正につぐ改正や増え続ける新法の成立など複雑化する法体系に対応するため、最近どの税理士事務所でも「ワンストップサービス」の名のもとに各士業との連携が進んでいる。しかし、その実態は名刺交換会で知り合ったドライな関係に過ぎないなど、とても連携とは言えないのが実情だ。菅野税理士は長年培った豊富な人脈を活かし、新大阪経営戦略研究会を作り各士業のエキスパートと緩やかな連携を行っている。

研究会の最高顧問格である蟻本平治税理士は、大阪国税局のノンキャリアの頂点である上京税務署長を務めたのち、個人事務所を開業した税理士である。

「もともと国税局時代、私と牧村行政書士の上司だった方です。頭脳明晰な上に部下の意見を取り入れていただける柔軟さ、加えて気さくな人間性が魅力的な方でした。今でも親しくお付き合いをさせていただいています。蟻本先生がおられなければ私と牧村行政書士が一緒に働くことはなかったかもしれません」と菅野税理士は振り返る。クラヴィス鑑定士事務所の伊東玉喜不動産鑑定士との出会いも牧村行政書士の国税局時代にさかのぼる。

「国税局では不動産を公売にかける際に不動産鑑定士に評価を頼んでいます。その折大変印象深かったのが伊東鑑定士で、将来一緒に仕事ができればと思っていました。東大阪にある『えにし法律事務所』の矢倉良浩弁護士も同じころ知り合ったのですが、たまたま伊東鑑定士と矢倉弁護士はある方の共通の知人だったのです。人のつながりの面白さを感じます」と牧村行政書士。

例えば不動産の立ち退きを巡って借地契約の解除を求められた案件だと、不動産の評価、税法の考え方、民法の考え方という具合にそれぞれの専門性を活かした連携によって解決策を提案することができるというわけだ。「人に喜ばれる仕事がしたい」という共通の想いで結ばれた尊い連携を可能にしたのは、出会う人との縁を大事にしてきた菅野税理士と牧村行政書士ならではの財産といえるだろう。

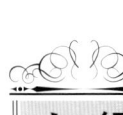

経営者の真のパートナーとなるために大切にしている質へのこだわり

「私たちは儲け主義とは一線を画し、さまざまな方法を駆使して依頼人のお役に立てればと努力しています」と菅野税理士は語る。経営者の方にとって本当のビジネスパートナー、いや人生のパートナーとなれればと考えています」と菅野税理士は語る。新大阪総合税理士法人では、相談に来られた経営者がくつろいで話せる事務所づくりを心掛けている。心を和ませる観葉植物や花の絵画に加え、お茶などの飲み物にも気を配る菅野税理士と牧村行政書士の気さくな人柄が日々の資金繰りなどで疲れ果てた経営者の心を癒してくれる。

「まずは心のカーテンを開けてもらうことが大事です。単に業務の話をして終わりというのではなくて、お互いの遊びの話までしています。来ていただいた方に気持ち良く話をしてもらい、相談に来てよかったと言ってもらえることが最高の喜びです」と牧村行政書士。

また、専門的な学習だけではなく、旅行などを通して様々な文化芸術や良質なサービスに触れて本物を養う目を持つことが大切だと菅野税理士は語る。

「私たちの商品は私たち自身です。この人になら任せても安心だ、信頼できると経営者の方に思っていただくには、業務だけではなく精神面を含めた私たち自身の人間的な成長が不可欠だからです。また、新大阪に事務所を開いたのは、大阪や京都方面、神戸方面からもアクセスが便利だからです。多くの方に来ていただき、心から満足していただく。今後も経営者のために誠心誠意頑張っていきます」

柔和な笑顔で語る菅野税理士に、顧客本位に徹する本物のエキスパートの姿を見る。

PROFILE

菅野 泰行（すがの・やすゆき）

昭和58年3月同志社大学商学部卒業。昭和60年4月国税専門官15期生として大阪国税局に入局。大阪、京都の税務署にて法人調査などの事務に従事した後、平成6年7月大阪国税局徴収部特別整理総括二課に配属される。
平成8年、住専問題が表面化しその中心が大阪であったため、審理担当者として処理スキームの立案に連日追われる。平成21年7月神戸税務署法人課税部門統括国税調査（署幹部級）に配属される。三宮、元町地区の飲食店、貿易会社を中心に税務調査の指揮を執る。平成23年7月神戸税務署法人課税部門　統括国税調査官を最後に退官。平成23年9月新大阪総合税理士法人の代表税理士に就任。

INFORMATION

新大阪総合税理士法人

所在地　〒532-0011　大阪市淀川区西中島3丁目18番9号
　　　　　　　　　　　　新大阪日大ビル6階
　　　　　　　　　　　　TEL 06-6195-4138　　FAX 06-6195-4139
　　　　　　　　　　　　E-mail　info@shinosaka-sougou.com
　　　　　　　　　　　　URL　**http://www.shinosaka-sougou.com**

アクセス
- 地下鉄御堂筋線　　西中島南方駅　北出口から東へ徒歩1分
- 阪急京都線　　　　南方駅　西出口から北へ徒歩1分
- JR線　　　　　　新大阪駅　中央口から南へ徒歩10分

設　立　平成23年9月

業務内容
- 記帳指導・代行
- 決算書作成、経営分析
- 新規法人設立支援
- 相続・事業承継対策
- 税務書類の作成
- 税務調査の立会

INTERVIEW

企業のたゆまぬ成長に向け経営を力強くサポート
行動的、戦略的会計管理を提唱する職業会計人

Life and business are supported forcibly.

「ただ漫然と黒字にしましょうというのではいけません。会社を発展させるということは黒字申告を続けるということです」

税理士法人原会計事務所
税理士・行政書士　原　俊

SAMURAI業

■■■ 税理士法人原会計事務所

企業の成長を手助けする行動的、戦略的会計管理
銀行での実務経験を活かして税理士事務所を開設

税理士法人原会計事務所がある東京中央区の八丁堀は、江戸時代初期の寛永年間（1624年〜1643年）に開削された堀の長さがおよそ八町だったことからその名が生まれた。

当初はその界隈にたくさんの寺が建ち並んだ寺町だったが、その後、多くの寺が浅草に移転し、江戸町奉行所の同心、与力の居住区となった。そこで町奉行の同心、与力たちのことを「八丁堀」と呼ぶようになった。

そんな由緒を持つ八丁堀界隈は、国の重要文化財である東京駅を背に控え、日本橋や銀座などの大商業地域を抱える。昼間人口が夜間人口の約7倍にも上るという首都東京の中心に位置する。

その八丁堀で、税理士法人原会計事務所の原俊（はら　たかし）所長は、「会社に利益をもたらし、その成長をサポートすることこそが職業会計人、つまりプロフェッショナルの使命です。税理士業務は、高度に戦略的な知的サービス業であるべきです」と平成8年の事務所を開設以来、独自の戦略的会計手法を駆使して様々な業種にわたる企業経営をサポートしている。

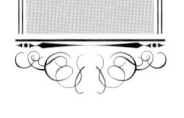

「ただ漫然と黒字にしましょうというのではいけません。といって節税目的で赤字にするのでは意味がありません。会社を発展させるということは黒字申告を続けるということです。企業経営の成長の手助けをして何としても利益を出し、同時に不要な出費を抑え、無駄な社外流出である不要な税金は払わない、つまり徹底的な節税に努める。そうした熱い想いがなければプロの会計人とは言えません」と原所長は噛みしめるように話す。

INTERVIEW SAMURAI業

原所長は年に1回税申告のための決算を組むだけの報告会計の在り方を良しとせず、行動的で戦略的な会計事務所を提唱する。

長野県木曽福島町に生まれた原所長は、祖父が獣医師として地元に貢献し、祖母は長野県で3番目に古い幼稚園を創設。さらに父親は高校教師という教育環境に恵まれた家庭で育った。

幼い頃に父親の赴任に伴い東京へ出た原所長は、長じて大学卒業後三菱銀行（当時）に入行した。名古屋支店勤務時代に森村グループの日本ガイシ、日本特殊陶業、INAX（当時）などを担当した。

その後、銀行の担当者として建築各社の合併再編の現場に立会い、主要取引先の建設会社が損益管理に用いる工事進行基準の課税の仕組みを知ろうと税理士の勉強を始め、平成3年に税理士資格を取得した。銀行入行後15年、39歳の時だ。

その頃勤務していた三菱銀行にはアカデミックな行風があり、各種士業の資格を持つ現役行員が6名いた。

原所長もその一人で、その後相続対策部門に移動してからも行内の税知識全般を担当する主要なブレインとして、対外折衝や行内講習などに活躍した。こうした銀行での実務経験が現在の原会計事務所の特色ある事業サービスを形作っている。

経営者は何を会計事務所に求め、私たちは何ができるのか
原会計事務所が掲げる5つの事業方針

「企業経営の生々しい現実やビジネスの第一線を経験せずに、税理士資格を取得していきなり税理士活動を始めた人がよく陥りやすいのが、税申告のためだけの税務会計に終わることです」と原所

税理士法人原会計事務所

JR八丁堀駅すぐ上、という便利のいいところにある原会計事務所

長は指摘する。
「税務指導と言っても、数字を押さえていって『結果これだけの納税額になります』というだけで、企業の経営者は満足できるでしょうか」と原所長。

決算という年1回の企業活動の結果を税法に沿ってまとめ上げ、それで事足れりとする悪しき会計報告や、税務以外のことは専門外だからと何もしない税理士たちを原所長は厳しく指弾する。

銀行勤務を通して生々しい企業活動を目の当たりにサポートしてきた原所長ならではの一言である。

「私は銀行勤務を通して企業活動を支援してきた経験があります。経営者が会計事務所に何を切実に求めているのか。反対に、会計事務所として経営者に何を提示すれば会社を成長へと導けるのか。その勘どころを解っています」と言う。

原所長は、事務所の事業方針に明確な取り組み姿勢を示している。

1. 納税者の利益は必ず守る。
2. 納税者の最大限の節税を実現する。

73

3. 納税者に必要な情報を迅速かつタイムリーに提供する。
4. 税務以外の経営上の相談に対し的確な素早い対応をする。
5. 税務調査には必ず立ち会い納税者を守る。

事業方針の文言の中で「納税者」をストレートに「会社経営者」に置き換えることができる。厳しい経済環境の下で会計事務所も変わらなければならない。会計事務所も合理的なサービスを競う時代なのだ。原会計事務所はこの明確な5つの方針に沿って、行動的かつ戦略的管理会計を展開し会社経営をサポートしている。

総勢30名を超えるスタッフが原所長の理念のもと行動的、戦略的管理会計を実践する

決算書の徹底した分析・評価・診断が不可欠
決算数値に表れる「なぜ」を経営者と、とことん考える

原会計事務所では原所長をはじめ所員みんなが行動的である。月に1回は顧問先を訪ねる巡回監査を行っている。月次の決算を直接経営者に会って報告する際も、より深いコミュニケーションの確立に心がけ、決算の「結果の数字」の「なぜ」を常に経営者と共に考える。業績が落ちた場合も、月次決算で出てきた様々な項目

税理士法人原会計事務所

　の数字をこれまでに積み上げたデータのなかで「数値」として分析し、その数値を感知し、今会社が抱える問題を探り当てる。そして、解決への対策も数値分析から方向性を示すことができるという。

　つまり、決算診断を心がけていると会社経営の問題点が見えてくる。

　利益が出ないのは人件費などの固定費の問題点が高止まりしているためなのか。また固定資産の回転効率が悪くその金利負担が利益を押し下げているのか。デッドストックが利益を圧迫しているのか。

　日々の経営活動の活動で潜在している問題点が浮かび上がってくる。

　決算診断はひとの健康診断と同じだという。会社の現状を数値化して分析し、経営者に分かり易く説明し、問題点を指摘して解決策を提示するのだ。

　「たとえば、病院で医師が患者にあなたはこういう症状ですと診断結果だけ伝えて放り出されてしまったらどうですか？なんのために診断を受けたのかわからない。患者に症状を説明し、なおかつ治療ができる、それが本当の医師でしょう。会計事務所も同じです」

　原会計事務所が取り入れている決算診断の手法は、決算期に「決算診断提案書」を作成し、会社経営の要点となる「収益性」、「生産性」、「資金性」、「安定性」、「健全性」、「成長性」の6要素を挙げる。

　それぞれについて5項目のチェックポイントを設け、計30項目について点数をつけ、ひと目で全体像が把握できるようグラフ化して提示する。こうしてひと目で明らかになった問題点の解決に向けて経営者と協議して対策を練る。

INTERVIEW
SAMURAI業

「すべては顧問先の利益のために」、信義則に基づき
信頼のネットワーク構築に励む

銀行勤務で培った企業の成長要因を見抜く眼
銀行や税務署との良好な関係構築をサポート

　企業の経営者にとって資金の調達は最重要の課題である。大企業であれば株式や社債の発行などで市場や株主、債権者からの直接調達も可能だが、中小企業では概ね金融機関からの融資ということになる。

　原所長は銀行勤務時代、審査部門で会社再建も担当した。銀行は企業経営のどういうポイントを見て融資を判断しているか、会社の経営状態をどう見ているかを熟知している。この経験が原会計事務所の経営サポートに大いに活かされている。

　「銀行がどういう評価をするか、経営者のどういう事業計画をどう立てるのが効果的なのかといったところに期待をかけるかなどを肌で感じています。アドバイスを的確に行うことができます」と原所長は独自のサービスを強調する。

　中小企業経営の生命線である銀行融資をうまく運ぶための銀行折衝や設備投資計画、資金繰表の作成などは原会計事務所の得意分野だ。

税理士法人原会計事務所

経営上の大切な要点、課題点を明文化して提供
顧問先の利益のために信頼のネットワークを構築

銀行は融資先企業の信用度、安全度を判断するため「融資先の点数評価による信用格付け」を行っている。

この格付けは、債務者、つまり貸付先企業の財務状況、資金繰り、収益力などにより返済能力を判定し、「正常先」、「要注意先」、「要管理先」、「破綻懸念先」、「実質的破綻先」、「破綻先」の6段階の債務者区分にして融資先を管理しているという。

会社経営者は融資の継続や新規融資を実行してもらうためにも、銀行から「正常先」と評価されることを期待する。

原所長は、「銀行が債務者区分をする判断のひとつが定量分析です。銀行が財務状況を分析する視点は私たちが勧めている『決算診断』で数値化して分析する6要素30項目と同じです。つまり、銀行が行う『定量分析』をそのままシミュレーションしていることになるのです」

「銀行が財務状況を分析する2つの視点で経営者の経営力を判定します」と説明する。

最終的には会社の財務力と定性分析の2つの視点で経営者の経営力を判定します」と説明する。

原所長が指摘するように銀行がどう評価しているかを自己分析でき、見つかった問題点を改善することで評価を上げることができる。会社の運命を左右する銀行や税務署との付き合い。それをより良好なものに手助けしていくことが会計事務所の本来の役割だ、と言い切る。

財務力と並ぶ経営分析のもうひとつのポイントである「定性分析」は、計数化が難しい事柄を指す。

例えば経営者の経営力、マネージメントパワーとも呼べるものだ。経営者の考え方や姿勢、熱意などがそれで、計数化が困難で数値分析することは至難だ。

そこで、経営者に「気づき」を提供し、自身のマネージメント力を知り、適切な事業計画作成の機会を提供することができるという。

そして、迫られる売上確保、厳しい資金繰り、在庫の管理、人事の問題など経営者を取り巻く悩ましい問題が山積みする。普段、そうした問題に直面し、忘れてしまっている経営者の理念を明文化し再確認してもらうことができる、という。

「社会問題化している日航や東電の問題を見るまでもなく、問題を抱えている会社では経営陣、管理者の意識改革がいかに為されなかったかが解ります」

ひと時代を築き、いまもトップを走り続ける企業というのは、経営者から末端の社員まで、常に意識改革を繰り返している。そして、厳しい経済環境のなか求められるのは、明確な信義則を貫く会社経営だ、という。

原会計事務所の事業内容の最後には「よろず相談支援」の文字がある。すべては顧問先の利益のために、みずからもこの信義則に基づき、顧問先の問題解決のため技術を磨き、信頼のネットワーク構築に励んでいる。

原　俊（はら・たかし）

PROFILE

昭和27年長野県生まれ。昭和51年横浜国立大学経済学部卒業。同年㈱三菱銀行入行。平成3年税理士登録。同年千葉県市川市に税理士事務所を開設。平成8年㈱東京三菱銀行退職（営業情報部調査役）。同年東京都中央区八丁堀に事務所を移転。平成17年税理士法人原会計事務所に法人化。同年千葉県市川市に支店を開設。

〈所属・活動〉
東京税理士会京橋支部税務支援対策部副部長
千葉県行政書士会副会長。市川商工会議所小規模企業振興委員・議員・マル経融資委員および経営安定特別相談室専門スタッフ。
日本財務管理学会会員、ファイナンシャルプランナー、宅地建物取引主任者、ITコーディネーター、登録政治資金監査人、第2種パソコン財務会計主任者、アクサ生命保険株式会社代理店、日本生命保険相互会社代理店

〈主な著書〉
社団法人金融財政事情研究会『「事業承継」に強くなる講座』共著他

税理士法人原会計事務所

INFORMATION

所在地
本店
〒104-0032　東京都中央区八丁堀3-22-9（八丁堀駅上）
TEL 03-3552-5500　　FAX 03-3552-5400
E-mail　t-hara@harakaikei.com
URL　http://www.harakaikei.com

支店　原行政書士事務所（併設）
〒272-0815　千葉県市川市北方1-16-6（市川税務署前）
TEL 047-333-6666　　FAX 047-333-8811

アクセス　●JR八丁堀駅上

設　立　平成8年7月

事業内容　巡回監査、予測税額報告、記帳指導、節税指導、税務相談、決算事務、各種申告書作成、財務、経営アドバイス、決算診断、OA化指導、金融支援サービス、税務調査立会、保険等のリスクマネジメント、経営計画書作成、社会保険事務、相続税対策、企業組織再編指導、登記書類作成、その他よろず相談支援

事務所方針　会計事務所を「企業にとって一番身近で役立つ存在」として位置づけ、その業務は企業経営によって生ずるあらゆる問題解決のために援助を行うことにあり、上記サービス以外の高度な事案には、各種専門家のネットワークにより対処し優秀な職業人としての責任を全うします。

INTERVIEW

一歩先を的確に牽引する経営者の良きパートナー
経営者の明るい未来をサポートする税のプロフェッショナル

Life and business are supported forcibly.

「世代に関係なく企業経営者、事業を営むすべての事業家にとっての良きパートナーでありたいと願っています」

藤澤経営税務会計事務所
税理士　藤澤　公貴

SAMURA業

藤澤経営税務会計事務所

2014年4月に8%、2015年10月に10％と段階的に上がる消費税。1997年以来実に17年ぶりの消費税増税となる。増税のたびに消費が冷え込んだ過去の教訓を考えれば、今回の増税が景気にどのような影響を及ぼすのか。

いずれにせよ来年、再来年は今後の日本経済の行方を左右する重要な年となりそうだ。ところで来たるべき消費税増税を、税のプロフェッショナルである税理士はどう捉えているのだろうか。

藤澤経営税務会計事務所代表の藤澤公貴税理士は、「個々の消費者をはじめ自営業者や企業経営者など、全ての人々にとって1年後3％、さらに2年後2％の増税はかなり影響が出るでしょう。しっかり対応策を考えなければなりません」と訴える。

藤澤税理士は横浜市で長年税理士事務所を営み、経済の先行きを見通したアドバイスや提案で、多くの経営者をサポートしてきた。

専修大学商学部会計学科を卒業後、同大学大学院商学研究科に進み、さらに深く経済を学んだ。

「税理士である父親の姿を見て、自然に自分も志すようになっていました」と院を卒業後、迷わず父親が経営する税理士事務所に入った。同時期に税理士資格を取得し、税理士キャリアをスタートさせたのは24歳の時だ。

「税務のノウハウやクライアントへの対応など、税理士として必要な経験や知識は、全て父親の事務所で学ぶことが出来ました」と入所当時を振り返る。今年で税理士歴13年目の藤澤税理士は現在36歳。若くしてベテランと呼ぶに相応しい税理士キャリアを築いてきた。

藤澤経営税務会計事務所はJR横浜駅から歩いて約5分の交通至便な場所にある。父親の代から35年以上の長い歴史を誇る老舗事務所だ。

「父親が病気で亡くなったのを機に、私が事務所を引き継ぐことになりました」と語る藤澤税理士。平成16年に事務所の代表として新たなスタートを切った。

想いは"経営者の皆様のお役に立ちたい"の一念
専門的アドバイスと親身な対応の事業承継

事務所と共に、父親が担当していた顧問先の企業も全て引き継ぎ、多くの顧問先企業を一手に引き受けることで責任の重さを痛感したという。

「責任の重さもさることながら、それ以上にやりがいのある仕事だけに"やってやろう"という気持ちで一杯でした」と振り返る。

父親の事務所を継いで現在までの9年間は、目の回るような忙しさだったという。「それでも、"経営者の方々の役に立ちたい"という一心でとにかく必死でやってきました」と語る。

今も50社近い顧問先を抱え、相変わらず多忙な毎日が続く。

今の顧問先は父親の代から続く古くからの製造業に加え、新たに開拓した設立間もない若い企業も多いという。業種も多岐にわたり、経営者の世代も幅広い。さまざまな年代、業種の異なる経営者と接する中で、藤澤税理士は自らの強みを次のように語る。

「私自身が経営者であるという点と2代目だということでしょうか。経営者同士なら、共通の話題や悩みを共有でき、深いコミュニケーションを培うことができます」と経営者相互のコミュニケーションの重要性を強調する。

「また2代目という立場から、事業を引き継いだ二世経営者の方と悩みを分かち合うことができます。これから事業を引き継ぐ予定の経営者に対しては、これまでの経験則に基づいた適切なアドバイスを贈ることが出来ます」とメリットを強調する。

自ら事業承継を体験している藤澤税理士は、「専門的で親身な対応が取れる分野」と事業承継に関

藤澤経営税務会計事務所

横浜駅から徒歩すぐという好立地にある事務所

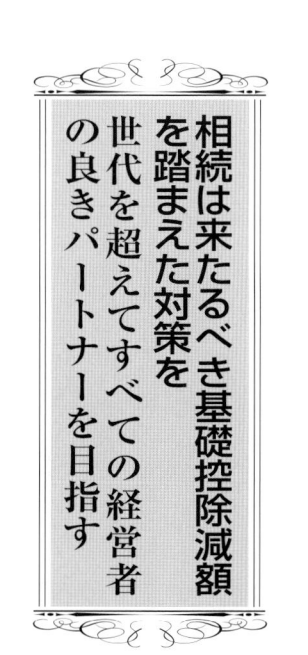

相続は来たるべき基礎控除減額を踏まえた対策を 世代を超えてすべての経営者の良きパートナーを目指す

して絶対の自信を見せる。

「親から子など、家族間で行う事業承継は一筋縄ではいきません。例えば〝自分の子供だからといって果たして経営者としての能力や素質があるのだろうか〟さらに〝受け継ぐ会社に大きな負債があるが、きちんと返済していけるのか〟といったような心配です」

会社を継ぐ側、継がれる側の双方に多くの課題や悩みを抱えているケースが多いという。

そこで藤澤税理士はお互いの意見や考えを十二分に聴いて、「事業を承継する当事者同士をはじめ、関係者みんなが納得のいく事業承継を進めていくことが大切です」と関係者の入念な話し合いの重要性を強調する。

INTERVIEW SAMURAI業

平均年齢32歳という若い事務所スタッフ

事業承継の案件で、深く関係してくる問題が相続である。藤澤税理士は相続分野にも力を入れ、これまで法人・個人問わず数多くの相続案件を手掛けてきた。

藤澤税理士は、「平成27年から相続税の基礎控除額が減るので、これを踏まえた対策を考えなければいけません」とアドバイスする。

基礎控除で納税がゼロだった場合でも、今後は納税が必要になるという。

「配偶者特別軽減や、小規模宅地の特例など、納税の負担を軽減できる様々な制度があるので、これから相続を考えている方や、今まさに相続の渦中にいる方は、出来るだけ早めに専門家に相談してください」と勧める。

自身の経験を活かしながら、クライアントの相談に真摯に耳を傾ける藤澤税理士はさらに、「私も含めてスタッフ全体が若いということも私の事務所の大きな特徴であり、強みでもあります」とアピールする。

平均年齢が60歳を超える税理士業界にあって、藤澤経営税務会計事務所のスタッフの平均年齢は32歳と若い。

「先生方の多くが高齢者であることも、事務所の敷居が高く感じられる理由の一つです。このため気軽に相談しようという気持ちになりにくい業界ですが、私は少しでもそうしたイメージを払拭していきたいと考えています」

士業独特の"先生商売"という意識を持たず、あくまで依頼者と同じ目線に立って応対すること

藤澤経営税務会計事務所

最新の役立つ情報提供で経営のプラスに
"中小企業経営強化支援法"を是非活用

を心がけているという藤澤税理士。これは税理士になった頃から変わらぬスタンスであり、事務所のスタッフにも徹底させているという。

「世代に関係なく企業経営者、事業を営むすべての事業家にとって良きパートナーでありたいと願っています」という藤澤税理士は、そのためにも明るく親しまれる雰囲気づくりを常に心がけている。

"経営者の良きパートナー"をモットーとする藤澤税理士は、様々な特色あるサービスを提供して好評だ。

「とくに役立つ情報提供に力を入れています。相続に関する平成27年からの税制改正もそうですが、刻一刻と変わるさまざまな関係する制度の改正・改革の動きをつぶさに調べて把握することは、忙しい経営者にとって大変難しいことです。このため必要な情報を私たちの事務所から逐一発信していきます。これによってクライアント一人ひとり、少しでも経営のプラスになればと思っています」

ある制度が改正になる場合、藤澤税理士は個々の顧問先に改正の要領をまとめた冊子を送り、告知に努めている。

「制度改正の内容を知っているのと知らないのとでは、経営に大きな違いが生まれることもあります。知らなくて損をすることはあっても、知っていて損をすることはありません。どんな情報でも積極的に伝えていきます」

INTERVIEW SAMURAI業

経営強化支援を受けるには経営改善プランが必要
プラン作成には認定のコンサル機関に相談を

こう語る藤澤税理士は、今中小企業の経営者にとくに注目して欲しいのが、中小企業金融円滑化法に代わるものとして、2012年8月末に施行された中小企業経営強化支援法(以下支援法)だという。

「今後の景気を左右するといっても過言ではないほど、中小企業にとって重要な法律です。すべての中小零細企業に支援法の存在を知ってもらい、是非活用していただきたい」と熱心に呼びかける。

この支援法とはどのようなものなのか。藤澤税理士は、「国が認定した支援機関の力を借りて経営改善の計画をたて、実際に取り組もうという企業には、融資の際に優遇措置を受けられるというものです」と説明する。

これまでの中小企業金融円滑化法は、申請さえすればすぐに恩恵が受けられるほど条件が緩かっ

クライアントに対して親しみやすく丁寧な対応を心がけている

藤澤経営税務会計事務所

幅広い専門家との連携で税務の枠を超えたサービス
全てのベクトルは企業の発展と経営の安定

た。これに対して今回の中小企業経営強化支援法は、優遇を受けるための条件が細かく設定され、簡単に恩恵を受けられなくなっているという。

藤澤税理士は、「企業にとっては大変な事かもしれませんが、これは歓迎すべきことだと思います」という。

藤澤税理士が"歓迎すべき"と語る理由は優遇を受けるための条件の部分にある。

「具体的な計画を立てて、実際に取り組まないと優遇が受けられないという部分が、円滑化法との大きな違いであり、これこそ今の企業がやらなければいけない部分だと思うんです」

海外進出、設備投資、新商品の投入、営業力強化など、経営改善のための具体策を、認定を受けたコンサルタントのアドバイスを受けて作り上げていく。

「経営に真剣に取り組み、利益を上げて経営基盤を強化し、激動の日本経済を乗り越えて欲しいという国からの期待が、支援法には込められているのです」

現在、税理士や弁護士など各士業が、支援法の認定登録機関となり、企業の経営計画策定をサポートするなどのコンサルタント機能を発揮している。

「企業単独での優遇申請は出来ないので、まずは支援機関として登録を受けている事務所に相談に行くことをお勧めします」

藤澤経営税務会計事務所も登録申請中で、近々認可を受ける予定だ。

税務の枠を超えて様々なサービスを経営者に提供する藤澤税理士。経営に不可欠といえる融資に

関しては、藤澤税理士ならではのサポートを行う。

「定期的に日本政策金融公庫の人を私たちの事務所に招いて、融資に関する相談会を開いています」

ここで支援法などに関する最新の情報や、融資が認められやすくなるためのポイントを教わることができる。「融資をする側からの意見なので大変有益です」

顧問先から融資の相談を受けた際には、日ごろからコミュニケーションをとっている金融機関を紹介し、融資の成功率を高めるための適切なアドバイスを怠らない。

こうした金融機関との連携に加えて、親しい弁護士や司法書士、不動産会社ともネットワークを組み、クライアントが抱える問題点や課題に幅広く機敏に対応する。

「会社の経営に伴って起こる多くの問題に、即座に対応できる体制を整えているので、どんな悩み事でも気軽に相談してほしい」と呼びかける。

藤澤税理士は景気の動向や最新の制度改正の動きをいち早く掴み、迅速に顧問企業にフィードバックする。「企業経営に関わる最新の確かな情報を提供することで、私たちの関わっている企業の発展と経営の安定のお役にたちたい」と語る。

モットーである〝先憂後楽〟を地でいく藤澤税理士の穏やかで誠実な人柄がとても印象的だ。

PROFILE

藤澤 公貴（ふじさわ・きみたか）

昭和51年12月生まれ。東京都出身。逗子開成高等学校から専修大学商学部に進み、平成13年同大学大学院商学研究科修了。同年税理士試験合格。平成14年税理士登録。平成16年父親の後を継ぎ、藤澤経営税務会計事務所の所長に就任。決算や事業承継、消費税に関する講演・セミナーの講師を務める。平成16年「租税に関する補佐人講座」早稲田大学大学院法学研究科科目履修修了。平成21年「会計参与制度特別講座」青山学院大学大学院会計プロフェッション研究科科目履修修了。

INFORMATION

藤澤経営税務会計事務所

所在地 〒220-0011 横浜市西区高島2-11-2
スカイメナー横浜319
TEL 045-453-5551　　FAX 045-453-5550
E-mail　fujisawa@fuji-tax.jp
URL　**http://fuji-tax.jp**

アクセス ●JR横浜駅から徒歩4分

設立 昭和43年

営業時間 午前9時〜午後5時

取り扱い分野 税務申告代行 経営計画策定・指導 設立・開業支援 事業承継 株式会社化指導 財務書類作成・分析 資金計画策定・資金調達 相続対策 給与・社保・年調算定

INTERVIEW

職場活性化と雇用創造で日本を元気に
働く場における「ひと」の専門家

Life and business are supported forcibly.

「労使双方が信頼関係で結ばれ、会社の発展にともに手を携えてまい進できるよう全力で取り組んでいます」

イケダ労務管理事務所
特定社会保険労務士　池田 少折

SAMURAI業

イケダ労務管理事務所

京都は神社仏閣をはじめとした歴史遺産が町中に点在する世界的な観光都市だ。その京都市の南東に位置する山科区は、「忠臣蔵」で有名な大石内蔵助が赤穂退去後に居を構えた場所として知られ、最近では京都市街地や大阪のベッドタウンとなって賑わいをみせている。

そんな歴史と伝統ある山科区の名神京都東インター近くに池田少折社会保険労務士の拠点、イケダ労務管理事務所がある。

特定社会保険労務士の資格以外にも、産業カウンセラーやキャリアコンサルタントなどの資格を持ち、京都調停委員を務める池田社労士は、事務所開設以来依頼人の立場に立ち、ともに問題を解決していくことを基本スタンスとして地域に密着し日夜奮闘している。今日もさまざまな問題を抱えて悩む多くの依頼者がイケダ労務管理事務所のドアをたたく。

きっかけは新聞への投稿 人のために役に立ちたい、と社労士を決意

当初、池田社労士は電子機器設計業界に籍を置いて、夫と共に株式会社アレナエンジニアリングを立ち上げて独立した。社会保険労務士を志したのは新聞への投稿がきっかけだったという。

「28歳の時でした。独立して、父の死を機に生きることや働くということを真剣に考えるようになり、『生きる意味、働く意味、自己実現について話し合いませんか?』と新聞で呼びかけをして、集まった人達からの相談対応を毎日毎晩しました。自分にできることはないだろうかという思いに駆られて、『ひと』に関する学びをと、社会保険労務士の勉強を始めました」と池田社労士は語る。

会社での仕事の他に京都府ライフプランナー交流会「京都微助っ人研究会」に発起人として参加

INTERVIEW
SAMURAI業

労使双方の思いを大切にした人事労務管理をサポート
「働いてよかった」と思える職場作りに尽力

するなど、忙しい日々を過ごしながら社労士の試験に合格。平成8年4月にイケダ労務管理事務所を開設し、京都中小企業家同友会「(知って得する)制度活用研究会」の世話人に就任した。

「初めてアルバイトで雇用した方から夜中に電話があり、『私は定年まで働けるだろうか』と言われた時は人を雇うことの重みを知りました」と当時を振り返る。イケダ労務管理事務所は現在5人のスタッフがいる。

夫と共に設立した会社は電子機器設計業に加えてコンサルタント業務を追加して株式会社アレナとなり、池田社労士は取締役に就任している。

「すべての人に働くことを通じて生きている楽しさを実感してほしい」という経営理念を、身を持って実践している毎日だ。

長引く不況の中、雇用をめぐる労使の紛争が後を絶たない。最近の労務問題の特徴は、非正規雇用の雇い止めを巡るトラブルが増加していることだ。労働契約の不備などから問題が紛糾する場合が多い。また、セクハラ、パワハラなど職場の人間関係に起因する労務問題発生件数の増加が著しく、労使関係をぎくしゃくしたものにしている。

「リーマンショックの頃は、人を解雇したいけどどうすればいいか、といった問い合わせが毎日何件も寄せられました。就業規則や職務上のさまざまな規定を整備して、それを周知徹底して正規の手順を踏んで従業員に適切な対応をしていれば、労使間のトラブルはほとんど発生しません」と語

頼れる士業のエキスパートたち ●暮らしとビジネスを力強くサポート

■■■ イケダ労務管理事務所

大学生の就職活動セミナーの様子。「成功塾」をはじめ幅広くセミナーを開催している

　長年にわたる豊富な経験から池田社労士は、労務トラブルを未然に防ぎ円満な労使関係を築くためには、社員の成長を後押しして経営への参加意識と達成感を高めていける人づくりのための研修や就業規則と職場のルールの説明会、人事制度などの環境づくりが大切、と強調する。

　「社会保険労務士というと、手続きだけを業務としてやっているように思われがちですが、相談されるお客様の職場で従業員が生き生きと働けるよう、魅力ある職場環境づくりのお手伝いをさせていただくことは私たちの重要な仕事です。すべての人にはそれぞれ計り知れない可能性があり、人生をより豊かに楽しんで生きる権利があります。労使双方が信頼関係で結ばれ、会社の発展にともに手を携えてまい進できるよう全力で取り組んでいます」と池田社労士は熱っぽく語る。

　池田社労士は、元京都労働局の総合労働相談員を務め、行政調査対応、労使間紛争予防・解決に力を尽くしている。これからの士業に必要な調停者トレーニングも時代の先取りをして京

INTERVIEW
SAMURAI業

都ではいち早く開催した。また人事・労務・総務全体のアウトソーシング業のほか起業支援、キャリア開発支援、カウンセリング、経営コンサルなど幅広い業務を行なっている。

激動の中、複雑化した現代社会は法律知識だけでは対応できない事例も多い。

も扱える特定社会保険労務士に加え、産業カウンセラー協会関西支部ではADR（裁判外紛争解決手続）ターができたと同時に調停員として就任した。数多くの案件を傾聴し解決してきた豊富な実務経験と、フィールドワークに裏打ちされた生きた知識を併せ持つ池田社労士の存在は、労務問題に悩む多くの経営者にとって非常に心強いものがある。

人生の黒字化を求めて多くの相談者が訪れる

企業の発展に有効な助成金の活用をアドバイス
士業グループ「スマイル」設立で後輩の育成に力を注ぐ

池田社労士は開業当時から、先輩社労士が手がけていなかった厚生労働省助成金受給相談に取り組んでいった。早くから助成金受給可能性シートをネット上にアップして無料診断を実施するなど、時代を先取りした業務を進めてきた。

「近頃では人材育成やワーク・ライフバランスを対象に

94

イケダ労務管理事務所

社労士事務所として画期的な職業紹介の取り組み 「成功塾」など労働分野におさまらない幅広いセミナーを開催

イケダ労務管理事務所では、経営労務部門の他に職業紹介部門を設けているのが大きな特徴だ。

した助成金が増えています。社会情勢に応じて新しい助成金が新設されたり、また廃止されたりして助成金の内容や条件等がたびたび変化するので、経営者の皆さんは日々アンテナを張っておくことが重要です」とアドバイスする。

また、池田社労士は士業グループ「スマイル」を設立し、社労士の地位向上と後進の育成にあたっている。社労士の認知度アップのために「新米社労士ドタバタ日記」というメルマガも発行している。

「同業者の人とは名刺交換もしないという方もいるようですが、後輩たちには、分からないことは何でも聞いてほしいと言っています。せっかく社労士という仕事をお互い選んだわけですから、力を合わせて頑張っていければと思います」と懐の深さを見せる池田社労士。

イケダ労務管理事務所では、社労士向け開業塾、労務管理実践道場を月1回定期的に開催している他、必要な実務の体験ができる訓練生の受け入れも行っている。

「仕事のない日だけ来訪する方や1、2年、毎日べったり来られる方もいらっしゃいます。でいうとイソ弁と呼ばれる居候弁護士やノキ弁のような事業所内開業もOK。秘書代行として電話を受け取ることもしていて、インターンシップなども含め、スタイルはご自分で選んでいただけます。資格をとっても実務がわからない人のお役に立てればと思っています」

激しい競争にさらされて自分さえよければという風潮が強まる現代社会だが、後進の育成に積極的に取り組み、地域の発展に役立とうとする池田社労士の姿勢はひときわ輝きを増す。

INTERVIEW
SAMURAI業

労務問題の相談と職業紹介の両部門が連携することで、イケダ労務管理事務所ならではのサービスを展開している。

求人で相談に来る会社には丁寧なヒアリングを行い、求職者には親身なカウンセリングを行う。他の社労士事務所では見られない一歩踏み込んだサービスの提供には定評がある。

「人間にとって人生の中で一番いい時期、一日の中で一番いい時間を過ごすのが職場です。その職場をご飯を食べていくためだけの場ではなく、生きている実感、生活の満足感、仕事を通じての達成感が感じられるような場所にしたい。本気でそう思います」と池田社労士は熱くそう語る。

職業紹介前にしっかりとしたスキルを身につけてもらうため、「たった3ヵ月で職場でイキイキ働くあなたをつくる！」というキャッチフレーズでの職業訓練を検討中。そして、その訓練場で、働くママたちを応援する、安心して子供を預けられる学童のようなきめ細やかなサービスが展開できないかと考えており、現在、賛同者と訓練会場を広く募っている。

さらにイケダ労務管理事務所では、平成25年6月から「自分の人生、誰が経営していますか？」から始まる研修『成功塾』（商標登録済）』を開催する。

「会社経営も個人の人生経営も黒字にし、職場を活性させる研修です。マネジメント、マーケティ

春の昼休みには近くの公園で桜を見ながら職員とお弁当を食べる

96

頼れる士業のエキスパートたち ●暮らしとビジネスを力強くサポート●

■■■ イケダ労務管理事務所

ング、ブランディング、コミュニケーションなど経営者が学ぶ高いレベルの考え方・ノウハウを、専門用語を使わず優しい言葉を用い、大学生でも理解できる様に作っています。"仕事"は責任をともなう、しんどいこともあるものですが、そこでしか味わえない達成感や充実感があります。その楽しさや、仕事をする中でしか見つけられない自分の存在意義を知り、人生を実りあるものにしてほしい。そのため、『職場を明るくする＝できる社員・経営者』になることができる研修を行います」と池田社労士。経営者を目指す学生と後継者不足の経営者のマッチングも視野に入れている。

日本を元気にしたい、との思いを活かしたこの「成功塾」は6月から毎月第3水曜日の午後に行われる。「成功塾」の生みの親である、サムライコンサル塾の塾長であり、経営コンサルタントでもある柳生雄寛氏の考えに共感した仲間たちが全国的にこの活動を展開していく、その先駆けとして開催される。

さらに、職業人にはもちろん、大学生の就職活動や青年の婚活などにも役立つ「自己PR塾教室（商標登録済）」も今後開催予定だ。

「単に過去を披露する自己紹介ではなく、自分をブランディングし、未来を語り、他者とつながることができる、そのような内容を考えています。ふだんなかなかやる機会がない、人前でのアウトプットの練習を取り入れ、参加する人が、発信する力・コミュニケーション力を高め、自分に自信が持てるようになる、そんな教室にします。

夢が持てない社会だとよく言われますが、一度きりの人生を後悔することなく楽しく暮らせるよう、お手伝いできればと思っています」と池田社労士。

これからの社会を生き抜いていくには「人間力」の向上が何よりも大事だ、とは昨今よく言われることである。「コミュニケーションとは相手を動かすこと」「成功とはあきらめないこと」をモットーに幅広い活動を繰り広げる池田社労士の取り組みは、経営者のみならず働く労働者を元気にし、日本の活性化に貢献している。

97

依頼人の身近な相談相手となるために
黒字人生プロデューサーとして精力的に活動

ここ10年弱では、人と人との新しいコミュニケーション理論であるNLP（神経言語プログラミング）の講師も務めたり、「ナニワのすご腕再建屋」桂経営ソリューション株式会社の塾生でもあり、再建コンサルタントメンバーでもあるなど池田社労士は、まさに八面六臂の活躍ぶりだ。

「いままでも社会保険労務士事務所という枠にこだわらず、社会保険労務士の資格を生かした事業展開を進めてきましたが、今後はさらにお客様に寄り添ってより身近な相談相手となるよう専門的な周辺業務を拡大していきたいと考えています」と意欲満面の池田社労士。

趣味は音楽と旅行。学生時代はロックバンドを結成していたという。旅行は日常とのギャップを好む。モロッコと南イタリアのタオルミーナという町が印象に残っているという。忙しくてなかなかいけない旅行は、代わりに多言語サークルで外国語を習得し、海外からのお客さんをホームステイで受け入れている。

「ロシア、米国、台湾、韓国、マレーシアなどから来られました。海外旅行気分を楽しんでいます（笑）」

理想は「昨日と違う自分になること」で、毎日新しい発見をして自分を更新していきたいと語る池田社労士。

「慌ただしい毎日ですが、1年に1度、天気の良い春の昼休みに近くの公園で桜を見ながら職員とお弁当を食べます。顔を真っ青な空に向けて、風を感じながら桜を観賞するひとときが好きです。琵琶湖を眺めるのも好きですね。仕事上では、お客様に『ありがとう』と言っていただける瞬間がこの仕事を選んでよかった、と一番思える時です。これからもお客様の人生を黒字にしていける様、精一杯頑張っていきます」

と笑顔で語る池田社労士のもとに、人生の黒字化を求めて様々な問題を抱えた人々が足繁く訪れる。

PROFILE

池田 少折（いけだ・さおり）

昭和36年12月19日大阪生まれ。慶應義塾大学経済学部卒。OLを経験後、電子機器設計業界に籍を置きプリント配線基板の設計に携わる。夫と（株）アレナエンジニアリングを設立して平成7年社会保険労務士資格を取得し、平成8年京都市伏見区でイケダ労務管理事務所を開設。平成13年2月に山科区に移転。

〈所属・活動〉京都府社会保険労務士会支部役員、国際企業存続コンサルタント、販売士1級商工会議所登録講師、第一種衛生管理者、米国NLP™協会認定NLP™マスタープラクティショナー、リスクマネジメント協会CRM資格者認定、日本良品輸出入協会（JGIEA ジェジア）認定貿易アドバイザー

INFORMATION

イケダ労務管理事務所

所在地　〒607-8034　京都府京都市山科区四ノ宮泓2-1
　　　　　TEL 075-584-6640　　FAX 075-584-6730
　　　　　E-mail　info @ ro-mu.jp
　　　　　Email を記載してメールをください。
　　　　　「経営者総務担当者のためのメルマガ」をお送りします。
　　　　　●新米社労士ドタバタ日記：http://www.ro-mu.jp/nikki

URL **http://www.ro-mu.jp/**

アクセス　（最寄駅）　●京阪京津線・四宮駅徒歩3分
　　　　　　　　　　　　●JR東海道線・山科駅徒歩9分
　　　　　（車）　　　　●京都市営地下鉄東西線・山科駅徒歩9分
　　　　　　　　　　　　●名神　京都東インターから1分

設　立　平成8年4月

経営理念　わたしたちは日本の職場を活性化させ
　　　　　　雇用の創造を通して日本を元気にします
　　　　　　「すべての人に働くことを通じて生きている楽しさを実感してほしい」
　　　　　　これが私たちの願いです

事業内容　●職場活性研修（管理職、リーダー、新人）　●人生を黒字にする研修（経営者、個人）　●士業支援研修（コンサルタント・調停技術養成、社労士開業塾）　●自己PR塾　●NLP、TA、コミュニケーション研修　●労務管理実践道場　●労使間紛争の予防・解決のあっせん等代理　●人事労務経営相談／指導　●賃金コンサルタント　●就業規則・賃金規程等、社内規程の作成　●人事制度の策定　●労働社会保険の手続事務・相談　●給与計算　●助成金の申請　●年金裁定請求　●個人情報保護法対策　●EAPメンタルヘルス　●カウンセリング　●非常勤総務部としての利用　●有料職業紹介業　●海外国内企業・海外進出、日本企業の求人、求職マッチング（IEHCA：イーカ）

INTERVIEW

企業の伴走者として信頼の経営に貢献
人事労務問題のエキスパート

「これからは、より一層人を注視したマネジメントをどれだけできるかが勘所と言えるでしょう」

Life and business are supported forcibly.

● 日本橋人事賃金コンサルタント
　社会保険労務士 FP 小岩事務所
　特定社会保険労務士　小岩 和男

SAMURAI業

頼れる士業のエキスパートたち ●暮らしとビジネスを力強くサポート●

■■■ 日本橋人事賃金コンサルタント／社会保険労務士FP小岩事務所

23年の会社勤務で培った知識と経験を活かす
社労士を天職として平成17年に独立開業

　首都東京の文字通り都心に位置する中央区の日本橋、兜町界隈は、証券・銀行など金融機関が軒を連ねる経済の中心地だ。八重洲から銀座に連なる界隈はビジネス街であるとともに、洒落た雰囲気を醸し出すファッション街、ショッピング街でもある。さらに下町情緒いっぱいの人形町、佃・月島界隈などを擁し、中央区は新しさと伝統が共存する魅力あふれる街である。

　そんな歴史と伝統を培いながら発展を続ける中央区のJR東京駅近くで、平成17年に開設以来、人事労務問題を中心にひたすら企業の成長を願って奮闘を続ける社会保険労務士がいる。日本橋人事賃金コンサルタント・社会保険労務士FP小岩事務所の小岩和男社会保険労務士がその人だ。

　企業の労務顧問以外にも、雑誌・書籍などに人事関連の記事を多数執筆し、雇用リスク対策のセミナーを各地で実施している小岩社労士のもとに、さまざまな労働問題に悩む経営者が引きも切らない。

　小岩社労士は中央大学法学部を卒業後、私鉄系不動産会社に勤務し社会人としてのキャリアを積んでいった。様々な変化球を打ち返してきたサラリーマン時代と語る小岩社労士だが、社労士を志した動機を次のように語る。

　「最初は営業に配属され、その後人事異動で本社総務に移りました。全社的に俯瞰する仕事なので

INTERVIEW
SAMURAI業

徹底した現場主義の人事労務管理で企業をサポート
経営者と社員の信頼関係の仕組みづくりがモットー

いずれはやりたいと思っていた部署だったのです。平成になって企業を取り巻く状況が劇的に変わる中、鉄道グループ会社の組織再編に伴う様々な業務を担当しました。官公庁との折衝や子会社間の合併、新会社設立、転籍・出向、グループ間の社会保険制度や労働条件のすり合わせなどが中心です。業務を進めるうちに自分が担当している仕事の専門家は何だろう？と考えた時、社労士の資格を取ろうと思いたったのです」

日々ハードな総務の仕事をこなしながら社労士の試験に合格。引き続き1年間会社で勤務をした後、平成17年に独立開業した。

「不動産営業で走り回っていたころにお世話になった社長さんからイの一番にお声をかけていただきました。初めての顧問先です。この方は社会人の第一歩、独立後の第一歩を踏み出す際のまさに道先案内人（恩人）で、感謝の気持ちでいっぱいです。台風の大水で分譲物件の近隣の川が氾濫し、駅から販売事務所へゴムボートで到着したのも懐かしい思い出です」と当時を振り返る。

小岩社労士は出身企業である私鉄系不動産会社の顧問も続けている。人との縁を大事にし、誠実に仕事をしてきた小岩社労士らしいエピソードだ。

近年、学校におけるモンスターペアレントの存在が、先生たちとのトラブルを招いて問題となっ

頼れる士業のエキスパートたち ●暮らしとビジネスを力強くサポート●

■■■ 日本橋人事賃金コンサルタント／社会保険労務士FP小岩事務所

経団連での講演など小岩社労士の力量は高く評価されている

 同じように、企業においても労務管理を巡って経営者と従業員とのトラブルが頻発している。トラブルを起こす従業員の方が法令に詳しいことも多く、会社側が思わぬ請求を受けてしまうケースもあるようだ。

「社会保険労務士というと社会保険の手続きだけを行う人と思っている方も多いですが、そうではありません。就業規則など会社の仕組みづくりをバックアップするほか、労務問題のトラブルでは関連先や官公庁、労働組合との交渉・折衝など様々な手配手続きを行います。企業はそういう渦の中で開業前後を通じ26年間実績を積んできました」という小岩社労士。

 長年にわたる豊富な経験の中から小岩社労士は、時間がかかり面倒なことも多い労務問題も一つひとつ丁寧に解決していかなければ、信頼関係が築かれた環境を作ることはできない—と強調する。

 サラリーマン経験を踏まえ徹底した現場主義

INTERVIEW
SAMURAI業

の人事労務管理で企業をサポートしている小岩社労士は、生活総合情報サイト「オールアバウト」で労務管理・社会保険の公式ガイドとして24時間最新情報を発信している。

わかりやすい丁寧な解説で好評を博している

「例えば、平成25年4月から改正高年齢者雇用安定法が施行され、希望者全員を継続雇用制度の対象とする必要が出てきます。定年を65歳未満に設定している企業では、就業規則の改定を含む人事賃金制度の変更が必要となる場合があります。その他人事労務管理に関する旬の話題をわかりやすく解説しているので、ぜひご覧ください」

小岩社労士はこのほか、人事労務に特化した全国組織である日本人事労務コンサルタントグループ（LCG）に所属して自己研鑽に励んでいる。日々めまぐるしく情勢が変わり複雑化した現代社会では、知識が豊富なだけでは対応できない事例も多い。数々の現場を経験したキャリアと、それに伴う生きた知識を併せ持つ小岩社労士の存在は、労務管理に悩む多くの経営者のころの拠り所となっている。

■■■ 日本橋人事賃金コンサルタント／社会保険労務士FP小岩事務所

労使双方の現場を熟知した的確な指導
正しい理解と適切な処理でトラブルを未然に防ぐ

金融・保険、学校法人、IT企業、服飾、病院・介護関連等々と幅広い顧問先を持つ小岩社労士だが、なかでも得意としているのが自身の出身業界でもある建築・不動産分野だ。

「建設業は元請企業・下請け企業・孫請け企業などの、下請け重層という特殊性を持った業種です。元請業者からこの業界では、社会保険未加入企業が多く存在していたことが社会問題になっていました。従来業者には下請け業者に対する法の責任が多くありますが、一般の事務作業ではなく現場作業が多いので、作業をとっている企業ばかりではないのが実態です。業中の事故などによる安全に関するトラブルが後を絶ちません」

現場職人の安全管理・不動産営業マンの残業代や代休消化の問題などについても、やりくり・仕組み作りに長けており、その指導は的確だ。従業員も正社員だけでなくパート・アルバイト・派遣など雇用形態や勤務時間を含めてますます多様化、複雑化を極めている。

労使双方の現場を知っているだけに、経済情勢が劇的な変化を遂げつつある今日、在宅勤務などテレワークの導入で職場環境も大きく変わりつつある。

「勤務中の労働条件だけではなく退職理由も同じ様に多様化しています。退職理由によっては、失業手当が一般的な給付日数よりも多くカウントされて手厚い保護を受けられることがあります。現在のように不安定な社会経済情勢の下にある企業は、労務管理の面から退職・解雇、残業問題など

についての実務知識は欠かすことはできません」

また小岩社労士は、「病気や怪我で仕事ができなくなった従業員にとって大きな不安材料は収入の減少です。特に昨今ではメンタル不調者が急増しています。その際に傷病手当金など収入減を補う給付金制度及びケア方法の理解も必須です」と助言する。

小岩社労士はHPを通じて顧問先に対し限定サイトを提供している。65歳までの継続雇用制度、育児・介護休業法の全面施行や労働者派遣法の改正、障害者雇用の法定雇用率アップなどの内容の確認と、自社制度への落とし込みは喫緊の課題といえる。正しい理解と適切な処理でトラブルを未然に防ぐために、小岩社労士の役割はますます大きくなっている。

スポーツ観戦が趣味の小岩社労士

人と人との対話によるコミュニケーション
気づきを大切にした
経営者との信頼関係

小岩社労士は平成19年に明日香出版社から『社員10

頼れる士業のエキスパートたち ●暮らしとビジネスを力強くサポート●

日本橋人事賃金コンサルタント／社会保険労務士FP小岩事務所

人までの小さな会社の総務がよくわかる本』を出版している。わかりやすい解説と図表で、総務・人事・労務の内容を説明して好評を博している。会社の立ち上げから関わり、経営者とともに会社の成長を見守ってきた顧問先が多いのも小岩社労士の特徴だ。

「クライアントと対面し、ひざを交えて話を聞きたいので、その都度顧問先に足を運びます。昨今は情報通信の進展で、社内外のコミュニケーションをメールなどで完結することも多いようですが、対人関係は口頭でニュアンスを伝え合うからこそ、相互理解ができるということを肝に銘じておきたいものです。うつ病などのメンタルヘルス・マネジメントに各社頭を悩ましていますが、普段の社内でのコミュニケーションのあり方に原因の一端があることを経営者は真剣に考えていただきたいのです」と力説する小岩社労士である。

組織が活性化してこそ企業は成長できる。一人ひとりの従業員をどう生かしていくか。社内の良いコミュニケーションこそ、従業員満足への第一歩だ―と言い切る。そして小岩社労士は、従業員が独立して新たなステップを踏み出すならば、経営者は温かい目で送り出し、応援する気持ちも大切という。

「場合によってはその人と提携したり、のれん分けをするなど、縁を断ち切るのではなく共生する姿勢が大事です。儲け至上主義の経営者の方もいらっしゃいますが、一人勝ちしようとすると必ず失敗します。経営資源は、人・物・金・情報とよく言われますが、人だけは他とは決定的に異なる部分があります。それは、人には人格と感情があるということです。これからはより一層人を注視したマネジメントをどれだけできるかが勘所と言えるでしょう」

これまで関わった企業の成長を見つめ、大小を問わず様々な事業プロジェクトに参画してきた小岩社労士の言葉は重い。

107

INTERVIEW
SAMURAI業

少数精鋭で人の縁を大切に濃密な仕事を！
巨人ファンでライブ観賞が大好きな信頼の社労士

開業以来、縁を大切に着実に業容を伸ばしてきた小岩社労士だが、今後の目標はどうか。

「専門家である以上、拡大路線ではなく絞って少数精鋭で濃密な仕事をしていきたいと考えています。サラリーマン時代の経験を十分活かせてきたと感じています。社会保険労務士は私の天職です」

と小岩社労士は語る。

趣味はスポーツ観戦で、V9時代からの巨人ファンとのことだ。

「大学の後輩でもある巨人の阿部選手の試合は学生時代から神宮に観に行っていました。巨人に入ってくれればと思っていたら入団してくれました。これも縁を感じます（笑）。ドームはもちろんアウェイの神宮ではあえて一塁側に座ります。阿部のライトスタンドへのホームランの弾道が綺麗に見えるんです」と笑みを浮かべる。

ライブ観賞も大好きで、特に元オフコースの小田和正の大ファンだという。

「アリスやサザン、ユーミンや竹内まりやといった70年代後半から80年代前半にかけてニューミュージックと呼ばれた時代の音楽が大好きです。皆さん今も変わらず元気に活動されてますね」

同世代の一人として励まされます」

穏やかな語り口調と、気さくで親しみやすい人柄が魅力の小岩社労士のもとに、さまざまなトラブルや問題を抱える多くの相談者が足繁く訪れる。

小岩 和男（こいわ・かずお）

PROFILE

昭和57年3月中央大学法学部法律学科卒業
同年4月東武不動産㈱（東武鉄道グループ）入社。昭和63年4月総務人事担当部署に異動。平成2年10月東京都知事より社会保険委員委嘱。平成15年度社会保険労務士試験合格。平成17年2月社会保険労務士ＦＰ小岩事務所設立。平成19年特定会保険労務士

〈所属・活動〉
全国社会保険労務士会連合会。東京都社会保険労務士会。東京商工会議所。日本ファイナンシャルプランナーズ協会。ＤＣ協会（確定拠出型年金教育・普及協会）。不動産建設白門会。社会保険労務士白門会。日本人事労務コンサルタントグループ（ＬＣＧ）会員。中小企業福祉事業団（労働保険事務組合）幹事。

〈主な著書〉
『社員10人までの小さな会社の総務がよくわかる本』（明日香出版社）

INFORMATION

社会保険労務士ＦＰ小岩事務所

所在地 〒103-0027　東京都中央区日本橋3-2-14　日本橋KNビル4F
TEL 03-5201-3616　　FAX 03-5201-3712
E-mail　koiwa@khh.biglobe.ne.jp
URL　http://www.koiwaoffice.com

アクセス
- JR「東京」駅八重洲北口から徒歩3分。
- 東京メトロ銀座線「日本橋」駅から徒歩3分（日本橋高島屋、日本橋丸善そば）。

設立　平成17年2月

事業内容　就業規則その他諸規定の整備、人事制度賃金制度の作成、高齢者雇用のコンサルティング、社会保険労働保険手続きのアウトソーシング、経営者、従業員様に対する労務セミナー、退職時セミナーの実施、行政による調査立会い、その後の是正勧告などの対応支援、新人・中堅社員・管理職セミナー、経営者、従業員その他ご家族の年金相談など。雑誌・書籍の執筆、講師。
- 総合生活情報サイト「オールアバウト」公式ガイド　労務管理・社会保険担当

INTERVIEW

人間重視の経営訴え地域経済の発展に貢献
地域密着型の人事コンサルティングを展開

Life and business are supported forcibly.

「地方都市浜松で、地域から日本を元気にしようという志のある経営者とともに、地域の発展に貢献できればと思っています」

村松貴通社会保険労務士事務所
株式会社浜松人事コンサルタント
特定社会保険労務士　村松 貴通

SAMURAI業

村松貴通社会保険労務士事務所／株式会社浜松人事コンサルタント

静岡県西部に位置する浜松市は、県下最大の人口を抱える政令指定都市である。戦国時代には城下町、江戸時代は宿場町として栄えた歴史に富む町でもある。工業都市として知られ、『スズキ』や『ヤマハ』といった国内屈指の大企業が本社を構えており、製造品出荷額は2兆円を超える。

浜松は西に位置する浜名湖を筆頭に、四方を風光明媚で豊かな自然に囲まれた、産業と観光が共存する文化都市で、特産品は浜名湖の養殖ウナギ、お土産菓子のうなぎパイが有名だ。

そんな個性豊かな浜松で平成14年に開業した村松貴通社会保険労務士事務所の村松貴通社会保険労務士は、地域密着型の人事コンサルティングに力を注ぎ、ひたすら地域経済の発展を願って奮闘を続けている。

何より人とのコミュニケーションを大切にする村松社労士は、セミナーの講師や専門誌への執筆なども意欲的にこなし活動の場を広げている。

徹底した現場重視で、実情に即した的確な労務管理をサポートして経営者を元気づけ、ともに発展の道を歩む村松社労士に対する地域の信望は厚く、さまざまな労働問題に悩む経営者が村松社労士の下に足繁く訪れる。

働く人の役に立ちたいとの想いから社労士へ
信金営業マンの経験を生かし25歳で開業

村松社労士は、「高校時代から将来は社労士になりたいと胸に秘めていました」と語る。

植木職人の次男として生まれた村松社労士は、子どもの頃から両親や祖父母が汗だくになって働

いている姿を見て育った。

「家と仕事場の区別もなく、幼少のころから家に出入りする職人さん達と一緒に食事をする生活を送ってきました。そんな生活環境からか、『人が働く』ということに人一倍関心がありました。働く人たちの役に立つ仕事や資格はないだろうか、と探していた時に社会保険労務士という仕事を知りました」と社労士を選んだ動機を語る。

中央大学法学部を卒業後、村松社労士は故郷である地元の信用金庫にUターン就職した。大学で労働法を学び、労働基準法を理解しても、経営者や働く従業員の実際の気持ちはとても理解できないと思ったそうだ。

地域に根ざした信用金庫の仕事は、まさに企業経営の生の現場を回ってつぶさに目の当たりにする。このため村松社労士は卒業後の就職に信用金庫を選んだ。

「数字目標は厳しいし、人間関係でも苦労しましたが、社会の厳しさ、社会人としての心構えやマナーの基礎は信用金庫時代に学びました」と当時を振り返る。

営業職として信用金庫で働きながら社労士の試験勉強に取り組んでいたが、仕事を進める中で「会社経営はやっぱり人が要だ」「労務管理の側面から中小企業を応援したい」との思いがますます強くなり、やがて村松社労士は信用金庫を退職して社労士試験に専念することを決意する。

「周囲からはずいぶん反対されましたし、社労士へのステップとして就職したのか、などと誤解されることもありました。将来への不安もありましたが、結局幼い頃からの夢を選びました」

社労士の試験に合格した村松社労士は、地元の社労士事務所で勤務した後、専門学校での講師を務めるとともに、25歳で独立開業を果たした。

頼れる士業のエキスパートたち ●暮らしとビジネスを力強くサポート●

■村松貴通社会保険労務士事務所／株式会社浜松人事コンサルタント

飛び込み営業1万件で培った地域との絆 若い人たちの生き方の参考になればと著書を出す

祖父からもらった開業祝いで購入したスーパーカブで、村松社労士は雨の日も風の日も飛び込み営業を続けた。結果的に2年間で1万件以上の会社に飛び込み営業したそうだ。その努力は少しずつながら着実に実を結び、顧問先になった会社からの紹介や、信金時代の同僚や先輩、上司からの紹介などが増えていった。今では顧問先は約150社を数え、スタッフも15名を擁するまでに成長した。

「開業した当初の頃は全く相手にされず、歳が若くて独身というだけで話も聞いてくれないことがありました」と村松社労士。

ある製造業の会社に飛び込み営業したら、その会社の社長が息子にも話を聞かせたいとその場に呼んだところ、同席した息子さんが村松社労士と同い年だったそうだ。

「それを知った社長は息子さんに向

好評を博している村松社労士の著書

35歳までに社長になる！
あきらめない自分の磨き方

飛び込み営業1万件でわかった「仕事」と「生き方」、成功の原則

村松貴通

村松君、この本に詰め込まれている、信用金庫で培った知識・技術・根性で、これからも地域経済発展のために貢献することを期待しています。

浜松信用金庫 理事長 御室 健一郎
磐田信用金庫 理事長 高木 昭三
遠州信用金庫 理事長 田邊 益己
静岡県西部地域しんきん経済研究所 理事長 山本 長行

113

わかりやすい語り口で評判のセミナー

かつて『村松さんは信用金庫を辞めてまで自分の目標に向かってゼロから頑張っている。お前も同じ歳なのだからもっと頑張らんといかんぞ』と言いました。その時は、自分の生き方を認めてくれたこと、そしてそれを息子さんへの叱咤激励に使ってくれたことが本当に嬉しかったですね」と当時を思い出して熱っぽく語る。

今の社会は若者が夢を持てない時代だと言われている中、大学生の人気の就職先は公務員が急上昇している。本人も家族も安定志向を望む傾向にある。

村松社労士は平成24年7月に、ごま書房新社から「35歳までに社長になる！ あきらめない自分の磨き方」を出版した。20代、30代の若者たちが現在を、そしてこれからの未来を効果的に生き抜いていくための道しるべに、自分の経験が役立てればとの思いから筆を執ったという。

著書の中で村松社労士は、地方都市でビジネスを始めることの魅力を説いている。地域を元気にしようと起業する若者にとって、これ以上ない参考書となっている。

村松貴通社会保険労務士事務所／株式会社浜松人事コンサルタント

経営者のための特色ある「3つの塾」を開催
志ある経営者と共に地域の発展に貢献

自ら信金職員という安定した職を辞して、幼いころから志した社労士という職業を選択して自分の歩む道を切り開いてきた村松社労士の体験的なこの書は、同じような志を持つ青年達、日々経営に悩む経営者、またはその後継者への格好のガイダンスとなること請け合いだ。

「現場を知らずして顧問先の労務管理指導やアドバイスはできない」との思いから、村松社労士は現場リポートを丁寧に行い、HPやメルマガで発信して経営者相互のビジネスマッチングに繋げるなど、地元に密着した活動を繰り広げている。

また、月に何度か上京して色んな学会やセミナーに参加するなど自己研鑽を欠かさない。

「自分を磨くための勉強というのが第一の目的ですが、同時にそこで学んだ最先端の情報を浜松に持ち帰って、いち早く地元の経営者やビジネスマンなどに伝えたいんです」と村松社労士は語る。

村松貴通社会保険労務士事務所では、今までにない新しいタイプの経営者育成塾「浜松青門塾」、人事制度づくりのグループコンサルティングである「成長塾」という異なるタイプの特色ある3つの塾を運営している。

「色んな会社を訪問する中で、労務管理をきちんとする会社ほど不況に強く、いつまでも成長し続けることができる、ということが見えてきました。よく『ヒト・モノ・カネ』が大事だと言われますが、なんといっても一番大事なのはヒトです。これからはますますヒトが大事になる時代になります」と強調する。

INTERVIEW
SAMURAI業

日雇い派遣の原則禁止やパート労働者の社会保険適用拡大の議論が進む中、時代に合った人事制度や労務管理を進めることは、企業の成長にとって不可欠だ。

「経営者の育成を目指す青い塾は、青い空のように高く崇高な目標達成のため集まった同士で門出に立つ、という意味で名付けました」と説明する村松社労士。

地方都市は東京のような大都会に比べて、人間関係がわずらわしいという一面もあるが、信頼されれば周囲の人が親身になって応援してくれる人情味に溢れるところが魅力だ。

「地方都市浜松で、地域から日本を元気にしようという志のある経営者とともに、地域の発展に貢献できればと思っています」と意欲満面だ。

多忙な中、地域の祭礼の責任者を務めたり、未来を担う子どもたちのために進路講話を地域の中学校で行うなど、村松社労士はまさに八面六臂の活躍ぶりだ。

徹底した現場主義に基づく本物の人事コンサルティング 事務所の自慢は一人ひとりの優秀なスタッフたち

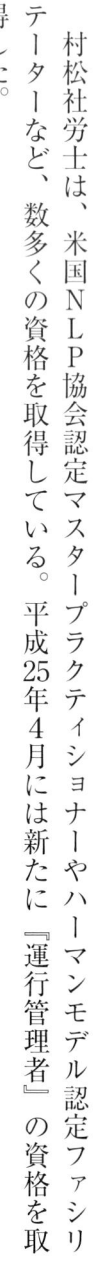

村松社労士は、米国NLP協会認定マスタープラクティショナーやハーマンモデル認定ファシリテーターなど、数多くの資格を取得している。平成25年4月には新たに『運行管理者』の資格を取得した。

「働く現場ではパワハラやセクハラによるうつ病など、新たな労務問題が生まれています。これらに対応して心理学やメンタルヘルス関係の資格だけでなく、専門職に就いている人の気持ちに少しでも近づけたらとの思いから、専門資格の取得を意識して取り組んできました。今回取得した運行

116

頼れる士業のエキスパートたち ●暮らしとビジネスを力強くサポート

■■■村松貴通社会保険労務士事務所／株式会社浜松人事コンサルタント

「35歳までに社長になる！あきらめない自分の磨き方」
村松貴通 出版記念講演＆パーティー

精鋭スタッフとともに地域に貢献

管理者もその一つです。これを機会に運送業はもちろんのこと、他の社労士では対応が難しい案件に積極的に取り組んでいきたいと思います」と村松社労士。

組織が活性化してこそ企業は成長できる。一人ひとりの従業員をどう生かしていくか。労務管理に王道はなく、会社経営は「ヒト」次第だ、と村松社労士は言い切る。

「お客様に信頼していただくには、私自身の事務所がそれにふさわしい体制でなければなりません。そしてそれは高精度な労務管理システムを指すのではなく、一人ひとりの優れた人材をいいます。

私の自慢は事務所の優秀なスタッフたちです。経営者として時にはひとり悩むこともありますが、そんな私をスタッフみんながいつも励ましてくれ、素晴らしいアドバイスをしてくれます」と笑顔で語る。

事務所のスタッフは室長の早川多佳子さんはじめ女性が多い。ここでは一人ひとりのスタッフが講師となって、毎月定期的にスキルアップ研修を実施している。これによってスタッフ一人ひとりが責任と自覚を深めるとともに、常に最新の情報を収集し、研鑽を積んで的確な対応策、最高のサービスを提供していくためのスキルアップを図っているのだ。

人事、労務問題が専門の社会保険労務士のなかでも、自分のこととなれば「人を雇うのは面倒だ」とか「従業員に社会保険をかけるのはもったいない」などと考えている人が案外に多い。

村松社労士は、『労務管理で、社員の成長と企業の発展

117

労使ともに幸せな社会めざして
広い視野で経営をバックアップする信頼の社労士

社労士事務所を開業以来、若さあふれる情熱と行動力で着実に業容を伸ばしてきた村松社労士は、経営者応援労務ソングを作詞・編曲するなど多方面で異才を放つ。

「経営者の皆さんからの色んな相談を受ける私自身もまた経営者です。経営者として学ばなければならないことが山積しています。そこで、大学院で『経営とは何か』ということを、もう一度しっかり勉強したいと考えています」と向学意欲をみなぎらせる。

村松貴通社会保険労務士事務所では労働トラブル解決率97％を誇っている。労使双方にとってメリットがない事案をズルズルと引き延ばすことはせず、会社にとって最適な解決方向へ導いていることが口コミで評判を呼んでいる。

信金時代から現在まで多くの労働トラブルを目の当たりにし、訴訟というものがいかに経営者にとって大きな負担を強いられるかを理解している村松社労士ならではの技量が光る。

村松社労士の評判を聞きつけ、全国各地から社労士や税理士などが事務所を訪問するそうだ。

「これまでの歩みをさらに確かなものとし発展させ、地方都市から日本を元気にしていきたい」と力強く抱負を語る村松社労士の姿に、これからも多くの経営者達が励まされることだろう。

をはかり、社会に貢献する』を経営理念としている。「この経営理念を高く掲げてスタッフ一丸となって顧問先の一層の成長、発展を願って全力投球しています」と力強く語る。

村松 貴通（むらまつ・たかみち）

PROFILE

昭和52年静岡県生まれ。平成11年中央大学法学部卒業。同年浜松信用金庫入庫。平成14年村松貴通社会保険労務士事務所開業。大原法律専門学校講師就任。平成19年株式会社 浜松人事コンサルタント設立。平成25年運行管理者資格登録

〈所属・活動〉社会保険労務士白門会、新・人事制度研究会認定パートナー、日本メンター協会認定ファシリテーター、米国ＮＬＰ協会認定マスタープラクティショナー、ハーマンモデル認定ファシリテーター、ラーニングマップアドバイザー、浜松商工会議所経営支援アドバイザー、財団法人しずおか産業創造機構経営支援アドバイザー、静岡県商工会連合会エキスパートバンク専門家、㈱中部人材育成センターＫの会

〈主な著書〉『３５歳までに社長になる！ あきらめない自分の磨き方』（ごま書房新社）

INFORMATION

村松貴通社会保険労務士事務所／㈱浜松人事コンサルタント

所在地 〒434-0031 静岡県浜松市浜北区小林1355-2
　　　　　TEL 053-586-5318　　FAX 053-586-5579
　　　　　URL http://www.muramatsu-roumu.jp/

アクセス ●遠州鉄道遠州小林駅から徒歩３分。

設立 平成14年9月

事業内容 労働・社会保険等手続き、給与計算、助成金申請、就業規則作成・見直し、人事制度改革、退職金制度改革、労働トラブル110番、経営労務監査、人材・組織適性診断、社員教育全般
□村松事務所が選ばれる理由
1 経営者の気持ちがよく分かる
2 優秀なスタッフがたくさんいる
3 本物の人事コンサルティングができる
4 労働トラブルに強力に対応できる
5 全国有数の前向きな事務所である

INTERVIEW

依頼人の立場に立ち、一緒に考え行動する顧客との十分なコミュニケーションを尽くす

Life and business are supported forcibly.

「お客様の立場に立ち、一緒に考え、行動すること」「お客様と十分なコミュニケーションを尽くすこと」をサービスポリシーとしています。

ウィル綜合司法書士事務所
司法書士　福嶋 達哉

SAMURAI業

■■■ ウィル綜合司法書士事務所

激変する司法書士業界の中で身近なパートナーであり続けたいと独立開業

兵庫県南部に位置する神戸市中央区は、市随一の繁華街である三宮駅周辺、神戸ルミナリエと近代建築のライトアップが評判の旧居留地が有名だ。とくに、横浜中華街、長崎新地中華街とともに日本三大チャイナタウンの1つに数えられる南京町があることで知られる。

また、「古今和歌集」の選者である紀貫之や在原業平など平安時代の歌人が中心に詠んだ布引の滝の名歌の碑「布引三十六歌碑」が、新神戸駅から見晴らし展望台に至るハイキングコース沿いに点在している。

平成7年に起きた阪神・淡路大震災で壊滅的な打撃を受け今も苦しむ地域の人々を勇気づけ、復興への指標となっている。そんな歴史と文化の香り高い街で、平成21年1月に開設以来、不安や悩みを抱える人々の心に寄り添い日夜奮闘を続ける「街の法律家」がいる。ウィル綜合司法書士事務所の福嶋達哉司法書士がその人だ。

常に驕ることなく、些細な事柄でも気軽に相談に乗ってくれる福嶋司法書士の気さくで誠実な人柄は、地域から大きな信頼が寄せられている。

21世紀に入って司法制度改革に代表されるように士業を取り巻く環境は大きく変化してきた。司

INTERVIEW
SAMURAI業

法書士の世界も例外ではなく、司法書士人口の急増によって競争が激しく、都市圏では配属研修先や就職先がなかなか見つからない。また開業しても食べていけないといった切実な問題が出てきている。

その一方、登記中心だった司法書士の職域に、簡易裁判所の代理権や成年後見といった専門領域が拡大された。このため個人に限定されていたこれまでの事務所形態から法人化への衣替えが可能になるなど、司法書士にとって司法サービスを求める国民の期待に幅広く応えていく環境整備がなされてきた。

一方では、インターネットの普及と広告の規制緩和、報酬の自由化など情報の氾濫からくるトラブルの急増を懸念する声もある。

こうした時代背景の中で福嶋司法書士は、平成16年に国家試験に合格し翌17年に司法書士登録し、大阪の司法書士事務所で研鑽を積んで30歳になるのを機に独立開業した。

「大規模な事務所での仕事は不動産登記関連が中心ですが、司法書士の扱うことのできる専門領域が広がっている中、もっとお客様と直接関われる分野で喜んでもらえる仕事ができればと思い独立開業しました。問題が解決した後も事務所に来てくれて元気な姿を見ると頑張ってよかったと嬉しくなります」と福嶋司法書士は語る。

ウィル綜合司法書士事務所では「お客様の立場に立ち、一緒に考え、行動すること」「お客様と十分なコミュニケーションを尽くすこと」をサービスポリシーとしている。

弁護士や税理士を始めとする他士業との連携も充実し、独立前に培った人脈と依頼人の口コミによる紹介も増え、会社設立・企業法務・債務整理・過払い請求・相続・遺言・贈与を中心に、開業以来2000件を超える事例を扱っている。

頼れる士業のエキスパートたち ●暮らしとビジネスを力強くサポート●

■■■ウィル綜合司法書士事務所

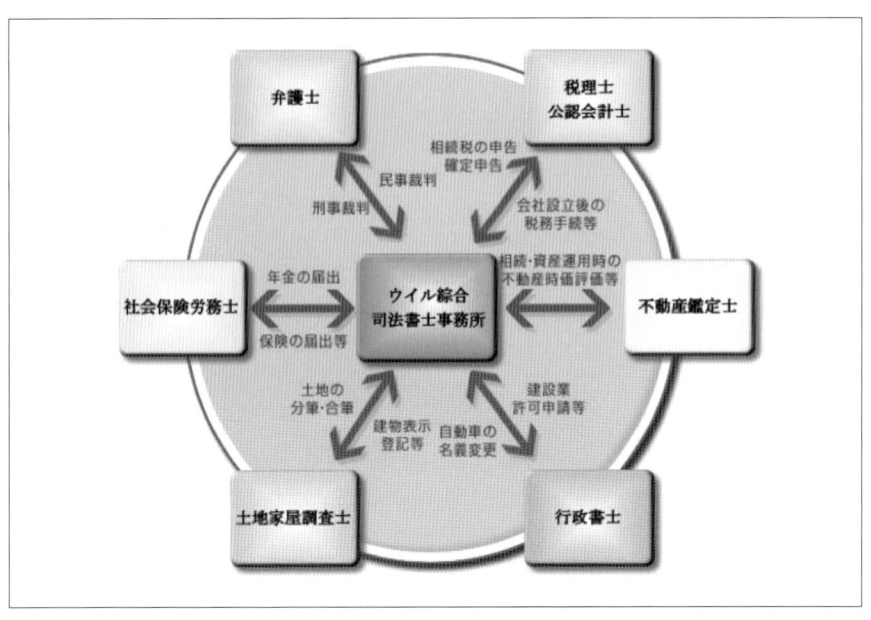

最適なサービスを提供するための緊密なネットワーク

小さな会社を専門に応援 自分スタイルの起業を親身にサポート

これまで会社に関する法律は「商法」や「有限会社法」などいくつかに分かれていたが、平成18年5月に明治時代以来約100年ぶりとなる大改正によって、会社に関係する法律は「会社法」に一本化された。

最低資本金制度の撤廃、社員数制限の廃止など会社設立の手続きの簡素化が進み、従来より会社を設立しやすい制度となっている。司法書士は会社関係の「登記」が試験科目になっている唯一の国家資格で、その業務である商業登記は事実上司法書士の独占業務となっている。

会社設立にはこの商業登記が最終的に必要となるため、定款作成から法務局への申請まで全て代理人として任せられることが、司法書士に

INTERVIEW
SAMURAI業

ストレスの溜まる相続等の手続き
適正な費用と迅速な対応で依頼人をサポート

柔和な笑顔と話しやすさが魅力の福嶋達哉司法書士

　会社設立を依頼する最大のメリットだ。ウィル綜合司法書士事務所では「小さな会社」を専門に会社設立・企業法務を行っている。

　「私たちの事務所もまだまだ小規模なものです。会社を設立してスタートラインに立った方とともに成長していければと考えています。お客様というよりはむしろ『同士』目線の方が近いかもしれません。小さくても元気な会社、起業家を応援したい気持ちでいっぱいです。一つひとつの出会いを大切にして少しでも会社の成長に貢献できればと願っています」と福嶋司法書士は熱く語る。

　ウィル綜合司法書士事務所では会社設立に限らず、既存の会社からの増資、減資、本店移転、役員変更などの各種登記、企業法務など顧客ニーズを幅広く手掛けている。

ウィル綜合司法書士事務所

福嶋司法書士は地元のラジオ局にも出演して活躍している

高齢化社会が進む中「相続は、定年過ぎにやってくる」「退職金、失くした後に、遺産来る」「遺言を、託す子供は、70歳」などの相続川柳に見られるように、相続年齢は年々上がってきている。

相続登記手続きは相続人自身でも可能だが、所有者の住所が変更されていたり、相続人が多岐にわたるなど複雑なケースになると手続き内容の調査、戸籍謄本や固定資産税評価証明書などの必要書類の収集など、非常に面倒な点が多い。

「相続登記は義務ではありませんが、長期間そのままにしておいてもメリットはありません。早めに登記していた場合と比べて、手続きに何倍もの労力や時間、コストがかかってしまいます。ようやく法務局に申請した後も不備の補正など相当ストレスの溜まる作業なので、後回しにせず早い目にいつでも気軽にご相談下さい」と訴える福嶋司法書士だ。

また、暮らしの様々な場面で契約社会への流れが加速している今日、遺言作成や生前贈与に関する相談が増えているという。

遺言は自己の財産の処理などについて単に家族・近親者へ譲るべき財産の帰属を決めるだけのものではない。遺言者自身が懸命に働いて社会に貢献し、大切な家族を守り、築き上げた財産を家族や近親者へ伝えて

いくために残す最後の意思表示なのだ。

生前贈与は相続前に自己の財産を贈与する方法で、相続争いの防止や相続税対策に非常に有効な方法の一つになっている。

「私たちの事務所では手続きにかかる費用を明確にして、必要書類の調査から申立書類作成まで最後まで支援しています。また、登記以外の税金、相続後の不動産の任意売却などの相談もお受けしています。その場合は提携している税理士などの専門家を紹介しています」

75歳以上の後期高齢者人口が占める割合が総人口の10％を超えたことからもわかる様に、日本の高齢化は世界に類をみない速度で進行しており、相続・遺言・贈与に関する相談は今後ますます増えていくことになる。

丁寧な説明で最初から最後まで直接担当
債務整理・過払請求のプロフェッショナル

債務整理には「任意整理」「民事再生」「自己破産」など、いくつかの種類がある。借金で悩んでいる人の中には、支払っていくのが困難ですべての借金を無くしてしまいたいと思っている人、収入はあるけれど利息が高くなかなか完済できない人、マイホームは手放したくない人など、それぞれの事情や考え方の人がいる。

また、過去の借金返済を見直すなかで、「お金を払い過ぎている」というケースもよく会う。その

ウィル綜合司法書士事務所

事業拡大より地域No.1のサービスを気軽に立ち寄れるアットホームな事務所づくり

場合は、これまで支払ってきた高い利息から本来払うべき正しい利息の全額を差し引いた額を返してもらうことができる。これが「過払い請求」と呼ばれているものである。

「債務整理や過払い請求に関する件は、私たちの事務所でもこれまで多くの人から相談を受けてきました。現在も毎日1〜3人ぐらいの方が相談に来ます。借金の原因は十人十色でそれぞれの経緯がありますが、皆さん揃って口にするのが『もっと早く相談すれば良かった』という一言です。不安そうに事務所に来られた方が、生活再建への道が見えたことで安心して帰る姿を見ると、つくづくこの仕事を選んでよかったと思います」と福嶋司法書士。

ウィル綜合司法書士事務所では福嶋司法書士本人が最初から最後までを担当し、知識や手続きの押付けをするのではなく、依頼人と納得いくまで話し合い、一緒に考えて最良の方法を提案している。現在依頼を受けている多くの案件は、以前解決した人達からの紹介が多いという。一人で悩まず一度相談してみてはいかがだろうか。

開設以来順調に顧客の期待に応えて業務を拡大している福嶋司法書士だが、今後の目標を福嶋司法書士はこう語る。

「これまで取り扱ってきた分野に加えて成年後見など、司法書士がよりお役に立てる業務を強化してい

きたいと考えています。ただ一番大切なことは事業の拡大ではなくお客様に喜んでいただけるサービスを提供することです。その為には、自分ならこういう事務所に依頼したい、依頼者が来てよかったと心から思える事務所づくりが大切だと思います」

各分野の士業人口が増え、都市圏に事務所が集中して様々な情報が溢れている今日、依頼者にとっては、どこの事務所にどんな依頼をすればいいのかという選択の眼を養うことが大切になっている。

豊富な経験と知識に裏打ちされて、顧客一人ひとりとの繋がりを大切に最後まで責任を果たしていく福嶋司法書士の真摯な姿勢は、激しい競争の只中でややもするとビジネスライクな対応になりかねない士業事務所の中でも貴重な存在といえる。

連日の激務の中、福嶋司法書士は仕事を終えると毎日10キロのランニングに励んでいる。

「趣味はマラソンです。大会に出たいのですがなかなか抽選に当たらなくて。いずれは海外の大会にも出たいと思っています」

人との出会いと絆を大切に、細やかなサービスとさわやかな笑顔で多くの依頼人の相談に真摯に向き合う福嶋司法書士は、まさに頼れる町のドクターである。

PROFILE

福嶋 達哉（ふくしま・たつや）

昭和53年10月生まれ。大阪市出身。平成14年同志社大学卒業。民間企業へ入社。平成16年司法書士試験合格。大阪の合同事務所で実務を学ぶ。平成19年法人の神戸支店を開設。平成21年1月独立しウィル綜合司法書士事務所を開設。

〈所属・活動〉
兵庫県司法書士会所属　　法テラス登録相談員　　神戸商工会議所会員
趣味はマラソンと読書。好きな作家は司馬遼太郎と浅田次郎。

INFORMATION

ウィル綜合司法書士事務所

所在地　〒651-0088　神戸市中央区小野柄通5丁目1番27号
　　　　　第百生命神戸三宮ビル8階
　　　　　TEL 078-230-8722　　FAX 078-230-8782
　　　　　E-mail　info@will-solicitor.com
　　　　　URL　http://www.will-solicitor.com

アクセス　●各線三宮駅より徒歩5分

設　立　平成21年1月

主な業務内容
- 会社・法人登記業務
- 不動産登記業務
- 相続、遺言支援業務
- 債権整理業務

ウィルの5つの約束
1. 司法書士本職が必ず最初から最後まで担当します。
2. 誠心誠意業務に携わります。
3. 日々、自己研鑽に励みます。
4. 明瞭な料金体系。
5. アットホームで暖かな事務所運営。

INTERVIEW

遺産相続、不動産登記、借金問題解決のエキスパート
士業の常識を超えたサービスで依頼者の不安を解消

Life and business are supported forcibly.

「クライアントの立場や心情を深く理解した提案やアドバイスこそ最高のサービスだと思います」

かながわ総合法務事務所
司法書士・行政書士　山口 広樹

SAMURAI業

司法書士行政書士かながわ総合法務事務所

司法書士が行う業務は大きく3つに分けられる。不動産などの名義を変更する登記、会社設立やその変更を行う商業登記、訴状や告訴状の作成を行う裁判事務だ。

中でも不動産登記は、相続に伴う相続人への名義変更や不動産売買に伴う売主から買主への名義変更、離婚の財産分与に伴う名義変更などの所有権に関するものから、銀行の住宅ローンの抵当権の設定や抹消など、司法書士の独占分野であると云っても過言ではない。

登記が不可欠な不動産、遺産・相続分野のエキスパートとして、依頼者からのさまざまなトラブルを解決に導いてきたのが、かながわ総合法務事務所の山口広樹司法書士だ。

明治学院大学法学部を卒業後、「法律と不動産の分野に興味があった」と、双方に深く携わる司法書士の道を志した山口代表は、平成19年に司法書士の資格を取得した。その後、国内最大手の司法書士事務所で勤務。平成22年1月に司法書士として念願の独立を果たした。

事務所開設3年半ほどながら、かながわ総合法務事務所は老舗の司法書士事務所に負けない人気を集めている。山口司法書士は、33歳という若さを誇るまさに新進気鋭の若手士業家だ。

「登記業務を迅速・的確に行うのは、司法書士としては当たり前のこと。私の事務所で追求しているのは、業務プラスアルファの顧客サービスです」と語る。

山口司法書士の言うプラスアルファのサービスというのは、かゆい所に手が届くきめ細やかな接客対応だという。

「依頼人から求められたことだけを行うのではなく、相手の立場や心情を察した提案や徹底したアドバイスを行うことで、私たちの事務所に対する信頼と安心感につながります。クライアントの気持ちを徹底的に理解することこそ最高のサービスだと思います」と熱く語る。

依頼者にはおもてなしの心あふれる対応を徹底
ワンストップのサービスで依頼者の負担を軽減

山口司法書士は、事務所で働くスタッフにも、もてなしの心にあふれた対応を徹底させる。「接客に対しては他のどんな士業の事務所にも負けません」と絶対の自信を覗かせる。「依頼者が『本当に来てよかった』と思っていただけるようにしたい」とのこと。

独立開業して今年4年目を迎えるが、仕事の依頼は神奈川を中心に関東一円から寄せられている。「相談に来られる方がアクセスしやすいように」という事務所は、JR横浜駅から歩いて8分ほどの好立地にある。ガラス張りのビルの1階ということで、「依頼者の方が見つけやすいし、入りやすい」とのこと。

事務所への相談内容は多岐にわたるが、とくに不動産登記や遺産相続、債務整理に関するものが多いという。なかでも遺産相続については、「相続全体を初めから終わりまでトータルにサポートできる点が私たちの事務所の特徴であり強みです」と山口司法書士はアピールする。

「遺産相続であれば家や土地の登記だけではなく、相続税・遺産分割の調整など、様々な問題と向き合わなければなりません。一つひとつ全てを解決するには、私たち司法書士や行政書士だけではなく、税理士や弁護士など他の士業に加えて不動産会社など他業種の知識と技量も必要になります」

こうした相続案件に対して、山口司法書士が力を入れているものにワンストップサービスの提供がある。自身が依頼者の相談窓口の役割を担って、問題ごとに連携を組む専門の士業が担当していく。

司法書士行政書士かながわ総合法務事務所

もてなしの心による対応をスタッフ全員が徹底している

「これによって、依頼者は専門家を探す手間や時間が省けて負担が大幅に軽減されます。さらに、色んな分野の専門家と打ち合わせや折衝をする際も、私の事務所ですべて事足ります」という。さらに、山口司法書士は「セカンドオピニオンとしての役割を果たすこともできます」とも。

> 豊富な人的コミュニケーションで相続のトータルサポート
> 大切な人と人との円滑なコミュニケーション」という共通の想い

山口司法書士が行っている相続のトータルサポートは、それぞれのジャンルにおける専門家の紹介だけにとどまらない。相続コーディネーターとして、依頼案件の全体をコントロールする力を発揮し、円滑な相続手続きを実現している。

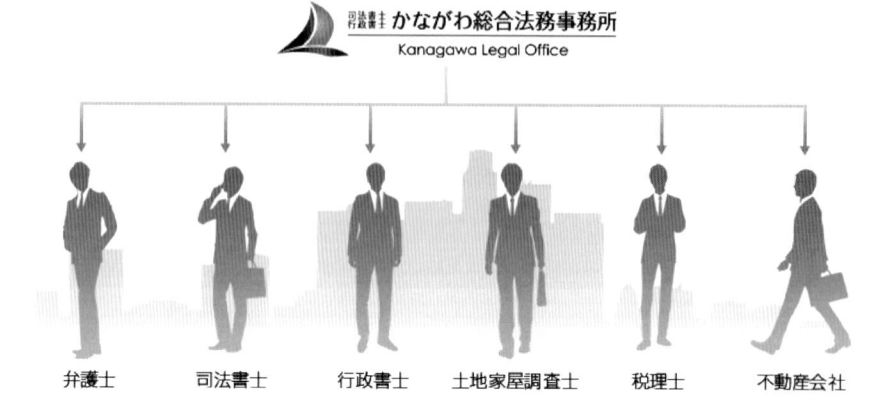

INTERVIEW SAMURAI業

かながわ総合法務事務所
Kanagawa Legal Office

弁護士　司法書士　行政書士　土地家屋調査士　税理士　不動産会社

各専門家と連携してワンストップサービスを実践する

「様々な要素が複雑に絡み合う相続を、トータル的に解決するには全体像を俯瞰（ふかん）して把握する目と、的確な判断力、そして豊富なコミュニケーション能力が必要となります。状況に応じて今どの専門家の力が必要なのか、どのような手順で進めていくのがベストな方法なのか、さらに家族構成や一人ひとりの思惑などを細やかに分析し、最適な解決プランを構築していきます」と説明する。

一方で相続問題を解決する上で最も大切な要素は、「人と人との円滑なコミュニケーション」であると指摘する。

「相続は生身の人間同士の間で生じた問題である以上、法律という物差しだけでなく、人の感情を斟酌（しんしゃく）しなければ真の解決には至りません。殺伐とした現代社会では、人としての情義や家族の絆、思いやりよりも金銭の利害を最優先に考える人も多いようです。肉親同士の争いで自分の利益や権利のみを主張してやまない現実を目の当たりにします」と語る。

遺言を残さないで相続人が亡くなって、遺産相続をめぐって相続人間で争う場合、「法律にのっとりながら妥協できる部分は妥協し、主張する部分は主張して、どこかで折り合いをつけなければいけません」という山口司法書士。

■■■ 司法書士行政書士かながわ総合法務事務所

関係者のみんなが納得のいく相続問題解決に全力投球
遺言の作成や生前贈与でトラブルのない相続を

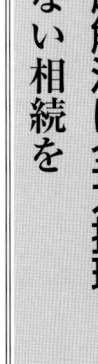

「家族にとって、相続問題は人生で一度あるかないかの一大事です。それだけに悔いを残さず、納得のいく形で無事相続が終えられるように全身全霊でサポートをしています」と力を込める。

一方、自ら出来る相続の生前対策として山口司法書士は、生前に遺言を作っておくことを勧める。

「予め遺言を残しておくというのは面倒なことかもしれませんが、いざ遺産を分割するという時に遺言があるのとないのとでは結果が大きく変わることがあります。無用なトラブルも避けられるので、遺言書は非常に大切です」と訴える。

山口司法書士は、「遺言書は書き方にルールがあり、また、自筆の場合には死後、家庭裁判所の検認が必要になります。遺言を検討されている方は司法書士などに相談してください」とアドバイスする。

また、生前贈与も有効な手段だという。「生前、自己の財産を贈与する方法が生前贈与です。相続人が生きているうちに遺産相続を行ってしまうようなものです」

生前贈与は、当人が自分で自由に財産を処分できるため、遺言同様、死後の相続争いがおこる心配がなくなるメリットがある。贈与税が発生するというデメリットもあるが、山口司法書士は「財

争っている当事者すべてが納得できる着地点に導いていくことが肝要となる。

INTERVIEW
SAMURAI業

産が多い方には相続税の軽減にも繋がりますので積極的に活用して欲しい」という。

こうした相続問題と並んで相談の多い分野が、債務整理や過払い金の借金問題だ。これまで延べ二千件以上もの借金相談を受けてきた山口司法書士は、「月々の返済の見直しや、払いすぎた過払い金を請求する相談など、毎月数十件近くの相談に対応しています」と話す。

人生を変える場合もある過払い金返還請求
依頼者からの"ありがとう"が元気の素

ビルの1階ですぐ目に付く場所にある事務所の受付

借金問題に対して山口司法書士は、依頼者が置かれている状況によって様々な提案を行う。

「法定金利を上回る利息で借金をしてその返済が払い過ぎの場合、過払い金の返還請求ができます」という。これは消費者金融やクレジット会社に払いすぎた利息を取り戻す手続きで、認められれば借金が無くなる上にお金が戻ってくるケースもある。

136

頼れる士業のエキスパートたち ●暮らしとビジネスを力強くサポート●

■■ 司法書士行政書士かながわ総合法務事務所

「地獄から天国といえるほど劇的に状況が変わる方もいます。無事に手続きを終えた依頼者の方から"相談して本当によかった。ありがとう"と感謝の言葉を頂く時、この仕事を選んで良かったと心から思います」と笑みを浮かべる。

山口司法書士はまた、「士業が先生商売と言われていたのは昔のことです。他の仕事と同じよう、士業はサービス業という意識を常に持ち、親しみを持ってもらえるアットホームな事務所でありたい」と語る。

問題を抱えて悩んでいる人の中には、いつ・どこへ・どんなタイミングで相談に行けばいいのか迷っている人も多い。こうした人たちに対して山口司法書士は、「問題が生じて困った場合は、出来るだけ早く相談された方がいい」と勧める。「内容や状況にもよりますが、相談に来られるのが遅ければ手の施しようがない場合もあります。早く相談されるのに越したことはありません」とのことだ。

かながわ総合法務事務所では、できるだけ相談に訪れやすいようにと、遺産相続・会社設立・借金問題に関する初回の相談料を全て無料にしている。

基本スタンスは依頼者と喜びを分かち合える法務事務所
理想はすべての法律問題を解決する「法律の総合病院」

常に依頼者のメリットを考え、プラスアルファのサービスを提供し続ける山口司法書士は、将来に大きな理想を描いている。

「士業を一つの組織にまとめた運営が出来ればと考えています。各士業の専門家が一か所に集まり、法律全般に対応可能な総合病院のような形態です」

ワンストップサービスでは、必要な専門分野のエキスパートを紹介しているが、さまざまな士業の専門家を一堂に集めて、それぞれが持つ専門知識や専門技量を発揮していく。総合病院のようにあらゆる依頼者のトラブルや問題を一つの組織・場所で解決していくというイメージだ。

例えば、相続の場合、弁護士が遺産分割紛争に応じ、司法書士がその不動産の相続登記を行い、税理士が税務申告関係を担当する、といった具合だ。

「これが実現出来ればもうワンランク上のトータルサービスが提供できる」と目を輝かせる。

「士業の先生方は、サービス精神の意識が低く個性的な方が多い。その中で、同じサービス精神を共有できる同志を集めて、それを一つの組織にまとめるのは大変至難の業です。それでも〝法律問題の総合病院〟構想の実現は私にとっての夢であり挑戦です」

閉鎖的な士業の世界にあって、次々と革新的なサービスを導入し、業界に新たな風を吹き込む山口司法書士。一貫しているのは、すべての試みが依頼者本位の考えに立脚し、依頼者のより高いメリットを目指したサービスに徹している点だ。

「依頼者と私たちの事務所が問題の解決を通じて、信頼感を分かち合える関係を築いていこうというのが開設以来のスタンスです」

業務の合間を縫って、債務整理や相続の無料相談会を開催し、全国を飛び回る山口司法書士。溢れるバイタリティと飽くなき向上心で業界に新風を吹き込んでいる。

PROFILE

山口 広樹（やまぐち・ひろき）

昭和55年3月24日生まれ。横浜市出身。明治学院大学法学部法律学科卒業。司法書士、行政書士。平成22年1月「司法書士アスミック法務事務所」を開設。平成25年行政書士事務所の開設に伴い、司法書士行政書士かながわ総合法務事務所に名称変更。司法書士会の市役所相談や県民センターでの相談をはじめ、司法書士、弁護士の少ない司法過疎地域でも無料相談会を開催。相続・多重債務・オーバーローンの問題を中心に相談実績はのべ2000件を超える。

INFORMATION

司法書士行政書士かながわ総合法務事務所

所在地 〒220-0004 横浜市西区北幸2-10-27
東武立野ビル1F
TEL 045-328-1280　　FAX 045-328-1283

URL http://kanagawa-legaloffice.jp

アクセス ●横浜駅西口改札より、ハマボールイアス方面へ徒歩8分。

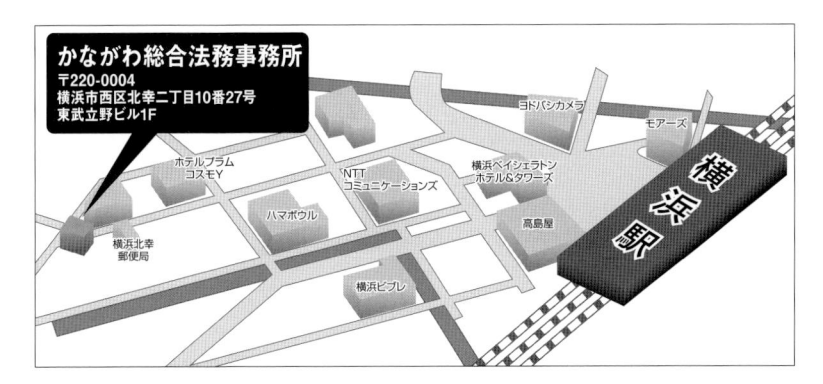

かながわ総合法務事務所
〒220-0004
横浜市西区北幸二丁目10番27号
東武立野ビル1F

取り扱い分野

【相続手続き】
相続登記、遺言書の作成・保管・執行、遺産分割協議書の作成、生前贈与、相続人や相続財産調査など。

【不動産登記】
売買・贈与・離婚による財産分与などの所有権移転登記。住宅ローンの抵当権設定・抹消その他担保権にかかる登記

【債務整理】
任意整理・過払い金返還請求・自己破産・個人民事再生・任意売却

【その他】
成年後見人、任意後見・財産管理等の委任契約
各種許認可・契約書・内容証明関係
株式会社設立その他会社関係の登記

INTERVIEW

異国の地で暮らす人々のために力を尽くす
真の国際化に寄与する国際法務のエキスパート

Life and business are supported forcibly.

「『申請が許可になるまで面倒をみる』という初心を忘れず、外国の方が日本で安心して暮らせるための強力な支えとなります」

行政書士法人佐藤国際法務事務所
行政書士　佐藤 啓子

SAMURA業

頼れる士業のエキスパートたち ●暮らしとビジネスを力強くサポート●

■■■ 行政書士法人佐藤国際法務事務所

　急速に進むわが国の少子高齢化に伴うさまざまな問題が叫ばれて久しい。高齢化社会は先進国に共通する現象だが、日本社会の高齢化は近年著しい。

　2011年度の65歳以上の高齢者人口は2975万人で高齢化率は23・3％。実に4人に1人が高齢者で占められ、2060年には高齢化比率は39・9％に達し、2．5人に1人が高齢者となる。

　このままでは現行の社会保障制度はもとより、日本経済自体が立ち行かなくなり、政府施策の抜本的な改革、改善策の実施が迫られている。国でも海外から留学生をはじめ優秀な人材を呼び込むなどの取り組みも行われている。

　しかし一方では、外国人の不法滞在、不法就労などをはじめ、文化の違いからくる外国人とのトラブルが後を絶たない。少子高齢社会の進展と並んで、日本国内での外国人の滞在や就労を巡って多発する外国人問題が大きくクローズアップされている。

　こうした中で、2000年2月に東京・高田馬場に事務所を開設以来10年以上にわたって、さまざまな外国人のための許認可申請など、日本で生活する外国人を力強くサポートする行政書士がいる。

　行政書士法人佐藤国際法務事務所所長の佐藤啓子行政書士がその人だ。年中無休で対応にあたる佐藤国際法務事務所には、不安にさいなまれながら異国の地で暮らす外国人が相談に訪れて引きも切らない。

INTERVIEW
SAMURAI業

モットーは「許可になるまで面倒を見る」
信頼と安心の手続きで外国人の暮らしをサポート

日本における就労ビザなど入管に関する手続きは、外国人にとって非常に煩雑なものになっている。それは、入国管理局が必要書類として公表しているものは最低限のものでしかなく、このため外国人たちは関連する複数の書類を収集し、作成しなければならない。

また、提出しなければならない書類の内容も事案によってさまざまな違いがあり、高度な専門知識や経験が必要だ。このため当の外国人やその関係者の人たちは、ビザ申請が頭痛のたねで、常に大きな不安や心配を抱えている。

「入国や在留申請の場合は、少しでも手続きに不備があると不許可になってしまいます。申請手続きに失敗してしまうと、後からなかなか許可を取るのが難しくなってしまいます」と佐藤行政書士は申請手続きの難しさを説明する。

佐藤行政書士は、開業する前に一般企業の国際事業本部や法律事務所に勤務した経歴を持つ。その当時海外事業に携わって培われた経験や法律の知識、運用の技術は、現在の行政書士業務に存分に活かされている。

「私たちの事務所は『申請が許可になるまで面倒を見る』ことをモットーにしています。申請の仕方も複雑で分かりにくいので、できる限りスムーズに手続きが運ぶように私たちがお手伝いをしています」と語る。

頼れる士業のエキスパートたち ●暮らしとビジネスを力強くサポート●

■行政書士法人佐藤国際法務事務所

日本で暮らす多くの外国人が相談に訪れる

佐藤行政書士によれば、入管手続きは変化も多く、裁量の幅が広い難しい手続きだという。それだけに、再申請になった場合の料金は無料というアフターケアを設けている。「異国の地で不安にかられている外国の人たちの負担を少しでも軽減できるよう努めています」と優しいまなざしで語る佐藤行政書士。

ビザ申請において在留資格などの許可を与えるかどうかの判断は、法務大臣（実務的には入国管理局の審査官）の自由裁量となっている。国の労働市場のバランスによっても左右されることが多い。

佐藤国際法務事務所で取り扱えるビザの種類は、永住、帰化、在留特別許可なども含めると26種類以上と多岐にわたる。様々な国籍に対応出来るよう中国語、英語等に堪能なスタッフを揃えて、外国人にとって相談しやすい環境作りに努めている。

「従業員もお客さまも家族」というスタンスで、クライアント一人ひとりに細やかな心のこ

INTERVIEW
SAMURAI 侍

3月14日は国際結婚の日。厳しい国際結婚の審査 豊富な経験と知識で依頼者を丁寧にサポート

常に依頼者との懇切丁寧な相談をこころがけている

もったサービスで対応している佐藤行政書士に、地域で暮らす多くの外国人から熱い信頼が寄せられている。

日本では3月14日を国際結婚の日と定めている。1873年(明治6年)のこの日、日本で外国人との結婚が公式に認可されたのを記念してのことだ。日本人と外国人が結婚する場合、お互いの国の法律で定められた婚姻要件にそれぞれ適合しなければならず、お互いの国において結婚の手続きを行う必要がある。

また、外国人が日本人と結婚して日本に在留を希望すれば、「日本人の配偶者等」の在留資格を取得する必要がある。ただ、偽装結婚や国際的な結婚詐欺などが増加したこともあって、「日本人の配偶者等」の在留資格の取得には、入国管理局から非常に厳しく審査される。このため、何の問題もない真意の結婚であったとしても、「日本人の配偶者等」の在留資格の取得申請が不許可になってしまうこともある。

■■■行政書士法人佐藤国際法務事務所

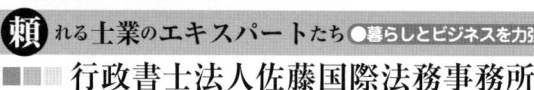

日本で活躍する外国企業のビジネスを支援
外国語に堪能な優秀なスタッフが的確に対応

「国際結婚の手続きは国ごとに大変複雑で、豊富な知識とノウハウが欠かせません。私たち専門家が間に入ることで、手続きがスムーズに進み認定確率も上がります」と佐藤行政書士は語る。

一部の不心得者のために、国際結婚で新しい生活に踏み出そうとしている人たちの門出を阻害している現状は、これからの本格的な国際化時代を迎えようとする日本にとって、とても褒めたものではない。

2012年7月から国際結婚をした配偶者など日本に中長期で滞在する外国人を対象に、「在留カード」を交付する新しい在留管理制度がスタートした。手続きも今までとは異なっている。審査基準も複雑化しており、それだけに最新の情報を取り入れて適切に指導し、「申請が許可になるまで面倒を見る」という佐藤行政書士の姿勢は依頼人にとって頼もしい限りだ。

最近の経済動向や貿易の自由化などの規制緩和に伴い、新たな顧客を求めて海外企業が日本に支店を置くケースも増えている。

2011年末に国の「国際戦略総合特区」に指定された東京都の「アジアヘッドクォーター特区」構想は、外国企業のアジア統括拠点や研究開発拠点を集積させることにより、民間投資の促進を狙う官民共同プロジェクトとして期待が集まる。

外国企業が日本国内で営業活動を行う場合、支店（営業所）を設置するか、子会社（日本法人）

国際的に幅広く活躍を続ける佐藤行政書士

を設立する必要がある。支店（営業所）の設置は、子会社（日本法人）の設立に比べて資本金が不要で手続きが簡単だ。このため、外国企業が日本に営業活動の拠点を設置したり会社を設立する支援を行っている。

「私たちの事務所では、海外の企業が日本で支店を設置したり会社を設立する支援を行っています。ビザを取得した外国人が日本で起業したい場合のお手伝いもします」と佐藤行政書士は語る。

会社設立後の会計帳簿作成やビジネス立上げに伴う様々な手続等、細かいコミュニケーションが欠かせない作業で、外国語に堪能なスタッフを豊富に揃えている佐藤国際法務事務所はその強みを大いに発揮し、助成金や融資付けの相談にも応じている。佐藤行政書士は在日アメリカ商工会議所のImmigration Task Forceのメンバーでもあり、豊富な人脈を活かし日本で起業する外国人のビジネス支援にも意欲的に取り組んでいる。

また、「賃貸住宅に入居したいが、外国人という理由で断られる」「保証人を立てることが困難」といった外国人特有の悩みを解決するため、佐藤国際法務事務所では不動産部門も併設して万全のサポート体制をとっている。更に、事業用不動産の仲介や、投資家向けの不動産投資コンサルティングも行っている。

行政書士法人佐藤国際法務事務所

国際法曹協会会員として海外活動も意欲的
世界各国に広がるヒューマンネットワーク

「法曹界のオリンピック」と呼ばれる国際法曹協会年次総会が2014年10月に東京で開催される。

国際法曹協会（IBA）の年次総会が、日本および東アジアで開催されるのは初めての事だ。

国際法曹協会とは、日本弁護士連合会を始めとする世界約200の弁護士会と3万人以上の弁護士が会員となっている世界最大の法律家の団体である。

本部をロンドンに置き1947年の設立以来、人権擁護、法の支配と司法の独立などを掲げて活動しており、同協会の活動や発言は国際社会でも大きな影響力を持ち、「法律家の国連」と呼ばれている。

従来、英米系の勢力が強く日本での知名度はあまり高くはなかった。しかし2011年に日本弁護士連合会元常務理事の川村明弁護士が日本人で初めて会長に就任したのをはじめ、企業法務や国際人権問題といった業務のグローバル化が進む中で最近とみに注目されるようになった。

佐藤行政書士は国際法曹協会のImmigration&Nationality Law Committeeメンバーとして、2011年9月に行われたイミグレーション部門ロンドン会議に出席するなど、国際的にも活躍の場を広げている。「各国とのネットワークが広まったことで、日本に来られる外国人はもちろん、外国に行く日本人のサポートもできるようになりました。アメリカをはじめとした各国のビザ申請業務も取り扱っています」と佐藤行政書士。

IBAの会議は唯一英語で行われるだけに、来年10月の東京IBA年次総会での佐藤行政書士の

INTERVIEW SAMURAI業

在留外国人の人生の節目を一貫してサポート
「依頼人の財産を守る」使命感溢れる信頼の行政書士

活躍が期待される。

設立以来、日本で暮らす外国人の暮らしとビジネス支援に尽力してきた佐藤行政書士だが、今後の活動について熱く次のように語る。

「これまで日本で暮らす外国人の留学、就職、起業、結婚など人生の節目節目の出来事を一貫して支援してきました。『申請が許可になるまで面倒をみる』という初心を忘れず、外国の方が日本で安心して暮らせるための強力な支えとなることはもちろんのこと、幅広い海外ネットワークを活かして外国で暮らし、活躍する日本人や日本の企業のサポートを今まで以上にきめ細かく、手厚く行っていきます」

外国人にとってビザは無くてはならないものだ。もしビザがなくなってしまったら、日本で築いた財産も家族も失うことになってしまう。社会生活のさまざまな分野で一段とグローバル化が進む現代社会。日本人と外国人が分け隔てなく暮らせる社会を構築し、真の国際化を進めていくことが、国際社会の一員としての日本の責任と言えるだろう。

「基本的には困っている人を助け、支援の手を差し伸べる。それが私たち行政書士の使命です」きっぱりと言い切る佐藤行政書士に、次代のグローバリゼーションを担う強い意思と熱い想いがみなぎる。

PROFILE

佐藤 啓子（さとう・けいこ）

東京都出身。2000年に行政書士佐藤国際法務事務所を開設。外国人専門の行政書士として12年間の実績。

〈所属・活動〉
- IBA（国際法曹協会）　Immigration&Nationality Law Committee メンバー
- 在日アメリカ商工会議所　Immigration Task Force メンバー

INFORMATION

行政書士法人佐藤国際法務事務所

所在地　〒169-0075　東京都新宿区高田馬場1-32-14　UKビル9F
　　　　　　TEL 03-5155-7107　　FAX 03-5155-5582
　　　　　URL http://www.sato-office-visa.jp/

アクセス

（地図：高田馬場駅周辺　佐藤国際法務事務所 UKビル9F）

設立　平成12年2月10日

事業内容　ビザ・入管手続、帰化・永住、在留特別許可、国際結婚・離婚、大使館手続、アメリカビザ等各国ビザ、合弁手続き、外国会社の支店設置、日本語学校の設立・変更・更新、日本語学校手続、会社設立・会社変更、融資申込、契約書作成
不動産部門（SATO不動産）併設

INTERVIEW

許認可申請のエキスパート
依頼者の話をじっくり聞いて迅速・的確に対応

Life and business are supported forcibly.

「依頼者が何を求めているのかをしっかり把握し、真に依頼者のプラスとなるアドバイスを行い、問題の解決に向けて全力を尽くしています」

新行政書士事務所
行政書士　新　正伸

SAMURAI業

■■■新行政書士事務所

行政書士は官公署(各省庁、都道府県庁、市・区役所、町・村役場、警察署など)に提出する書類に関する相談、手続き代行が主な業務だ。例えば「会社を設立したい」、「飲食店を開店したい」、「病院を開院したい」、「建設業を始めたい」という場合には、必ず各分野の監督機関から許可・認可を得なければならない。

必要な書類を揃え、役所に提出までを代行する行政書士はいわば許認可、登録手続きのエキスパートだ。そんな行政書士が取り扱う登録申請の種類は実に数千におよぶと言われる。複雑で手間のかかる各種の手続きを代行し、依頼者のニーズに迅速・的確に応えて日夜奮闘しているのが、大阪市中央区、ビジネス街の中心地に事務所を構える新行政書士事務所代表の新正伸行政書士だ。

「相談に来られたらまず話をじっくり聞くことから始めます。依頼者が何を求めているのかをしっかり把握し、真に依頼者のプラスとなるアドバイスを行い、依頼者の悩みや抱えている問題の解決に向けて全力を尽くしています」と語る新行政書士は、まさに顧客本位に徹した行政書士道を邁進している。

新行政書士は関西学院大学経済学部を卒業後、大阪府医師協同組合に勤務した経歴をもつ。主に生命保険、損害保険の実務を担当し、21年の長期にわたって職務を全うしてきた。一方で新行政書士は、「自分のペースで仕事ができる生き方が昔からの夢でした」というように、サラリーマンとして日々勤めに励みながらも常に独立を夢見ていたという。

人の夢や希望を叶えられる仕事がしたい
風俗営業店、飲食店の許認可に関する相談が多い

独立するについて新行政書士が目指したのは、「人の夢や希望を叶えられる仕事がしたかった」という。人の役に立ちたいという想いから行政書士の道を志した新行政書士は、いったん目標を定めると勤務の傍ら猛勉強に励み、平成21年に晴れて行政書士試験に合格した。

その後平成23年に独立、念願の新行政書士事務所開設を果たした。以来2年を経て着実にクライアントの数を増やし、現在事務所業務は順調に推移している。

「開業以来、風俗店営業の許認可や飲食店営業の許認可。それに外国人関係の登録、許可の相談が多く寄せられ、今ではこれら3つの業務が私の事務所の最も得意とする分野になりました」と現況を説明する。

風俗営業には、クラブやキャバクラ、パチンコ店、マージャン店などが該当する。これらの風俗営業店を営業するには保健所、警察署などに許可申請手続きをしなければならない。

「風俗営業は誰もが簡単に参入できる分野だけに、開業を希望する人の相談は増加傾向にあります。しかし実際開業するにはクリアしなければならない施設の構造基準があり、しっかりとした計画と入念な準備が必要です」と指摘する。

新行政書士はさらに、「開業に際してクリアすべき点にあいまいな部分があったり、準備が中途半端な状態で営業してしまうと、のちのち従業員や取引先に大変迷惑がかかることがあります。風俗営業店の経営を考えている方は早めに相談に来ていただくか、ご自身で最低限の決め事を確定してしっかりと事前の用意をすることが肝要です」と訴える。

新行政書士事務所

クライアントの夢や希望をかなえるため日々の業務に邁進している

風俗営業を始める際の最低限の決め事として新行政書士は、営業の主体（個人か法人か）、店を開業する場所、営業内容、店の内装や許可が降りるまでのスケジュールなどを挙げる。

「こうした案件を風営法に基づいてクリアしていくことが一番のポイントです」と説く。

経営者自身が開業のルールを正しく把握する 経営者のモラルと自覚が問われるガールズバーの問題

「風営法では『住居地域では営業することができない』とあるように、風俗営業店の開業には場所的な制約があります。店の内装も、例えば『客室内に見通しを妨げる設備を設けないこと』あるいは『善良の風俗又は清浄な環境を害するおそれのある写真、広告物、装飾その他の設備を設けないこと』という具合に、構造設備

法に基づいた確かな情報を迅速・的確に提供する

の基準が細かく決められています」と説明する。
　現状では、風営法で定められたこうしたルールを把握していないまま、開業手続きの依頼に来る人も多いという。
　「皆さん夢を持って色んなアイデアを携えて私たちの事務所に来られますが、風営法の基準を満たしていないばっかりに、泣く泣く手続きをお断わりさせていただくケースがよくあります」と振り返る。
　「たとえば依頼者から"ガラス張りで外から見えるオープンなキャバクラを作りたい"というご相談があっても、風営法では『客室の内部が当該営業所の外部から容易に見通すことができないものであること（施行規則8条）』というルールがありますので、ご相談者の構想は残念ながら実現いたしません」
　相談者の風営法の認識不足からくるこういった齟齬（そご）を防ぐためにも、「あらかじめお店を経営しようとする方は、ある程度営業に関する知識が必要」と注文する。
　一方、飲食店の営業許可申請の相談も多く、これまで様々な業種の手続きを手掛けてきた。「喫茶店やレストラン、珍しいところでは魚屋さんの営業許可申請も代行させていただきました」とこれまでの実績を振り返る。
　飲食店であれ、風俗営業店であれそれぞれ決められた法律の下で業務を行わなければならないのは当然のことだ。しかし、飲食店として営業しながら実質風俗営業に該当するサービスを行い、数

新行政書士事務所

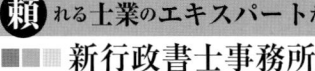

年前から問題となっているのにガールズバーがある。

「風俗営業店に対する規制強化の影響から、ガールズバーは規制のゆるい深夜飲食店という形で都市圏を中心に増えてきましたが、ここ数年は違法行為が表面化し、警察に摘発されるケースも多くなりました。まさに経営者のモラルと自覚が問われているといえます」と新行政書士は経営者のモラルを問題にする。

飲食店と風俗営業店を分ける "接待行為"

ガールズバーのような深夜営業の飲食店が、なぜ警察から摘発を受けるのか？その最大の根拠となっているのが "接待行為" だ。

風俗営業店ではない店で、接待に該当する行為があれば、無許可で接待を行っていたとして風営法違反に問われる。

2012年に大阪ミナミのガールズバーで高校生が死亡するという事件があって以来、大阪府警では頻繁に実態調査を行っている。

このため新行政書士は、「ガールズバーはもちろんスナックなどの飲食店を経営している方でも営業内容を改めて確認することを勧めています」という。

飲食店と風俗営業店の明確な違いはお客に対する "接待行為" である。ここでの接待行為は『歓楽的な雰囲気を醸し出す方法により客をもてなすこと』（警察庁：解釈運用基準）と定義されている。

「つまり "お客さんを楽しませること" イコール "接待行為" になります。例えば長時間お客さ

外国人の在留・帰化申請もしっかりサポート

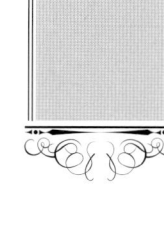

会社や各種法人の設立、変更をサポート
医療機関の廃業、承継の相談も意欲的に対応

の話し相手になることや、横に座ってお酌をすること。さらにカラオケでの拍手やデュエット、カードゲームやダーツを一緒にするといった行為も接待にあたります」と新行政書士は説明する。

「いずれにしてもしっかりルールを把握して守ることが重要」とのことだ。

新行政書士が専門分野として取り組んでいるもう一つの業務が外国人の在留・帰化申請。これに関しては、「外国人で、様々な理由や事情から日本で生まれ育った人、日本人と結婚した人など、日本国籍を取得するには帰化許可申請書、身分証明書、帰化申請の手続きが求められます。この手続きには本人の面接に加えて、帰化申請の手続きが求められます。その中には日本国籍の取得を希望する人が大変多くいます。その中には日本国籍の取得を希望する人も多いです。日本国籍を取得するには帰化許可申請書、身分証など多くの書類が必要です」と説明する。「分からないことや、少しでも不明な点があれば一度是非相談に来て下さい」と声高に呼びかける。

事務所をオープンにし、どんな相談にも気軽に対応する

新行政書士事務所

オープンな事務所、どんな相談にも対応
他士業の専門家と緊密なネットワーク

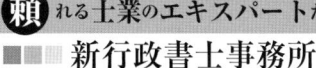

こうしたメインの業務の他にも、新行政書士事務所では会社や法人の設立、変更についてのサポートを積極的に行っている。

「代理人として定款を作成し、会社設立後も会計記帳や許認可申請などを行います。株式会社はもちろん、医療法人、社会福祉法人、公益社団法人、一般社団法人、学校法人、宗教法人など、目的や希望に合った申請手続きをさせていただきます」

一方、大阪府医師協同組合で勤務した経験を活かして、医療機関の廃業、承継の相談にも意欲的に応じている。

「病院を閉院しようとして施設や設備を他の医師に譲りたいと希望する医師と、これから開業しようとして場所を探している医師をマッチングさせるコーディネートのような仕事もあります。見合いのようなものですが、成立するのは本当にまれです」という。

さらに意外に多い相談が「農地転用」に関するものだという。

「日本では農地を農地以外の目的で使用する場合は、農林水産大臣、都道府県知事の許可が必要になります。例えば許可なしで農地にビルを建てたり、マンションを建てることは違法です。今は農地を駐車場に変えて収益を得ようという農地所有者の方がいらっしゃいますが、法令を順守し、許可をとっていただきたい」と強調する。

様々な問題と相対し、悩みやトラブルを抱える人々をサポートする新行政書士だが、「相談の間口

INTERVIEW
SAMURAI 業

は広く、よろず相談所のような事務所なので、とりあえず相談に来ていただければ対応させていただきますとオープンマインドで、開放的なスタンスが新行政書士事務所の大きな特徴となっている。

相談の内容が行政書士の業務と全く関係のない場合でも新行政書士は、「お客様の今の問題解決に最もふさわしい士業の先生をすぐに紹介させていただきます」と気軽に応じて力を貸す。新行政書士は、弁護士、税理士、司法書士など各分野の専門家との連携で、即座にそれぞれのエキスパートを紹介することができる。この点も事務所の強みとなっている。

"困っている人の問題解決を親身にサポートする"をモットーとして、日々の業務に勤しむ新行政書士は、「相談に来られた人にとって何が一番の解決策なのかを考え、私の経験や知識、ノウハウ、それに人的ネットワークをフル活用して精一杯サポートさせていただきます」と語る。

「直接仕事に結びつかない相談も多いのですが、それでも全然かまいません。遠慮なく相談に来てください」とのこと。

依頼者には気軽に相談に来て貰おうと、事務所では初回の相談料は全て無料にしている点も特徴の一つだ。新行政書士は当年48歳。妻と子供4人の6人家族。子煩悩で家族の話となると思わずにこやかにほほ笑む表情がとても印象的だが、「家族のためにも頑張らないといけません」と気を引き締める。気さくで柔和、家族想いの誠実な人柄がさらに幅広い輪を広げる。

158

PROFILE

新　正伸（しん・まさのぶ）

昭和40年3月生まれ。大阪府出身。関西学院大学経済学部卒業後、大阪府医師協同組合に勤務。保険課で生命保険・損害保険（団体保険・代理店など）の実務を担当する。平成21年行政書士試験に合格。平成23年1月大阪市中央区で新行政書士事務所を開設。

INFORMATION

新行政書士事務所

所在地　〒541-0056　大阪市中央区久太郎町3-1-22
　　　　　TEL 06-6245-8590　　FAX 06-6245-8591
　　　　　E-mail　shin-jimu@hb.tp1.jp
　　　　　URL　http://shin-jimu.hp4u.jp/

アクセス　●地下鉄本町駅から徒歩約5分

設　立　平成23年1月

営業時間　平日午前10時～午後6時

取り扱い分野
1. 許認可の申請、届出
   お客様の代理人として許認可の申請や届出、行政担当者との折衝・交渉にあたります。
   ・建設業許可申請（新規/更新）
   ・宅建業免許申請（新規/更新）
   ・風俗営業許可申請/営業開始届
   ・飲食店営業許可申請　など
2. 会社や法人の設立・変更
   ・株式会社、合同会社、合名会社、合資会社の設立
   ・医療法人、社会福祉法人、公益社団法人、一般社団法人、学校法人、宗教法人、NPO法人の設立
3. 遺言書や相続に関する書類の作成
   ・遺言書（自筆証書遺言、公正証書遺言、秘密証書遺言）
   ・遺言執行
   ・遺産分割協議書の作成　　など
4. 契約手続きの相談や書類作成など
   ・知的資産経営のサポート
   ・契約書、念書、示談書、協議書など
   ・内容証明郵便
   ・公正証書の作成
   ・著作権登録
   ・定款、規則、規定、議事録、規程の作成など

INTERVIEW

「おもてなし」の心を大切に多角的に知財戦略を支援
先駆性あふれる知財活動のエキスパート

Life and business are supported forcibly.

「私たちは国際出願全般において国によって異なる制度に習熟し、高い専門性と経験値を活かした適切なサービスを提供しています」

アクシス国際特許業務法人
弁理士　中島　拓

SAMURAI業

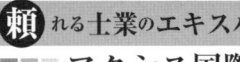

アクシス国際特許業務法人

歴史と伝統に培われた新しいサービスのかたち「IPアスリート」で企業の知財活動を強力にサポート

かつて「ものづくり大国」と呼ばれていた日本は、戦後の荒廃から驚くべきスピードで立ち直り、高度経済成長を成し遂げ経済大国として世界に君臨してきた。しかし長引く不況と製造業の産業空洞化の影響から、モノづくりを支える技術力、企業体力は著しく低下し、2011年度の国別特許出願件数は中国、アメリカに続いて世界第3位に後退した。

企業を取り巻く経営環境、経済情勢が大きく変動する中で、企業はこれまでの経営の在り方を抜本的に見直す必要に迫られ、新たなビジネスモデルの構築が不可欠となってきた。

こうした変革期にあって、「クライアントに最高のサービスをお届けする」をモットーに、国内外で繰り広げられる知的財産（知財）をめぐる熾烈な競争に打ち勝つべく奮闘を続ける弁理士がいる。アクシス国際特許業務法人代表の中島拓弁理士がその人だ。

弁理士業界にも高齢化の波が押し寄せているが、その中で若さを武器に柔軟な発想とチャレンジ精神で新しいサービスを提供し、顧客満足度を高めているアクシス国際特許業務法人を率いる中島弁理士のもとに、知財活動に悩む企業の担当者が列をなす。

アクシス国際特許業務法人は1958年の創業以来、半世紀以上にわたって諸外国の特許事務所との幅広いネットワークを武器に、世界を舞台に挑戦する企業の知財活動を支援してきた歴史と伝

INTERVIEW SAMURAI 業

画期的なサービス「IPアスリート」

　統ある特許事務所だ。
　低迷する日本経済を再生するべく政府、民間が一丸となって強靱な知的財産立国の実現を進めている。こうした時代背景の中でアクシス国際特許業務法人は、「IPアスリート」と呼ばれる独創的な知財支援サービスを展開している。
　従来の特許事務所は知財の権利化支援がサービスの中心だった。例えば『発明の発掘』や『権利化後の段階』と呼ばれる業務は主として企業内の知財部が行ってきた。しかし、知財が重視されてこれに伴う業務量が増加して十分な業務遂行ができなくなり、これらの業務も含めた知財部支援をしてもらえないかといった悩みが寄せられるようになったという。
　また、企業によっては知財専門の人材を配置することが困難な場合もあり、知財業務の全面的なバックアップに対する潜在的なニーズも感じていたという。
　「こうしたことからアクシス国際特許業務法人は、半世紀以上にわたる業務経験で培ったノウハウを結集して、企業の規模や知財活動の段階に関わらず広く利用いただけるワンストップ知財部支援サービスとして、『IPアスリート』を立ち上げました」と中島弁理士は語る。
　アクシス国際特許業務法人の特徴は、国内外のクライアントに対する特許、実用新案、意匠、商

アクシス国際特許業務法人

多様なニーズに応じ必要なサポートを提供
細やかな対応で企業の知財活動をバックアップ

『IPアスリート』は成長を目指す全ての企業のために、当法人がクライアントである企業の社外知財部門となって、企業が持つすべての知的財産を有効活用して企業経営を支援するサービスです。事業ヒアリングから始まって経営課題の洗い出し、システム整備、知財活動計画の提案から実施までのトータル的なサービスから、多種多様な知財活動に対応するため部分的な案件に応えるピンポイント的なサービスも行っています」と説明する中島弁理士。

今、出願代理人から知的財産権全般のスペシャリストへと、弁理士に求められる役割が大きくリプレイスされつつある。

知財活動の重要性は認識しているが社内に専門の知財部がなく、十分な知財活動ができていない企業や、必要性にかられてこれから知財部を立ち上げようとしている企業にとっては、まさに願ってもないタイムリーなサービスといえる。

近年、経済のグローバル化を反映して日本の特許庁が受理する国際特許出願（PCT出願）が増

標といった知的財産権の獲得だけでなく、知的財産戦略の立案や調査、係争処理など知財業務に関する総合的なコンサルティングサービスを経営の視点から提供できる。これをさらに発展させたのが「IPアスリート」なのだ。

INTERVIEW
SAMURAI業

定期的に開かれる学習会

加の一途をたどっている。

こうした世界規模での特許出願件数の増加の背景には、経済や企業活動のグローバル化に伴い出願人が海外出願を重要視してきていること、さらに一つの発明が複数の国に特許出願されるようになったことが原因と考えられる。

グローバル化に伴い重要性増す企業の知財戦略　高い専門性と経験を活かし海外特許を積極支援

アクシス国際特許業務法人では、日本以外に中国を始めとしたアジアや欧米など海外特許出願案件も多く取り扱っており、支援分野は有機・無機化学や薬学、バイオ、機械、電気・電子、システム制御など多岐にわたる。

「国内から外国への特許出願を行う際には、

アクシス国際特許業務法人

不断のスキルアップ研修で精鋭集団を形成
顧客満足度の向上に努め最高のサービスを

各国の特許法についての幅広い知識や、種々の期限管理の知識が重要となります。また、その際外国からの問い合わせに対して迅速かつ的確に対応するため、高い語学力とともに各国法を充分理解しておく必要があります」と中島弁理士は指摘する。

さらに、「特許だけではなく、意匠や商標も含め外国出願全般において国によって異なる制度に習熟し、高い専門性と経験値を活かした適切なサービスを提供しています」と語る。

知財は形のない財産であり、それゆえ権利の保護や活用は困難を極める。出願の方針に誤りがあれば、折角の発明も特許出願できないケースが出てくる。

また、昨今は知的財産に関する紛争が増加しており、特許を始めとする各権利の侵害事件への対応が企業の事業活動を左右する大きな要因となっている。

それだけに半世紀以上にわたって顧客の知財をしっかり守ってビジネスを成功に導き、大企業から中小企業まで幅広い顧客から絶大な信頼を築き上げてきたアクシス国際特許業務法人の存在がますます光る。

現在日本には約3700の特許事務所がある。特許法改正や相次ぐ審査基準の変更などから、業

務を細分化してそれぞれの専門家を擁したエキスパート集団をアピールする事務所も増えている。

こうした一方でアクシス国際特許業務法人では、一人の弁理士が国内出願から外国出願までのすべての業務をこなせるようにシフトしている。

『木を見て森を見ず』ということわざがありますが、アクシス国際特許業務法人では一つのことだけをやっていればいいというのではなく、弁理士スキルを重視した優秀な人材を採用し、毎月定期的に行っている社内学習会や外部研修でスキルアップに努め、即戦力となる精鋭集団を形成しています」と、スタッフの不断のスキルアップへの真摯な取り組みを強調する。

またアクシス国際特許業務法人では、顧客満足度向上のために全社員がANAによるマナー講座を受講してサービス事業に携わる者としての資質の向上にも力を入れている。

「一つひとつの細やかな配慮の積み重ねが、お客さまからの大きな信頼に繋がると考えているからです」と語る中島弁理士は、東京大学工学部を卒業後、日立システムテクノロジーに入社した。

その後、現在アクシス国際特許業務法人の顧問をしている倉内国際特許事務所の倉内基弘氏と出会い、弁理士の道を歩むことになった。2006年に法人化に伴う名称変更を行った際に代表弁理士に就任した。

パートナーの吉田匠弁理士ほか、企業知財部や研究開発部、事業部、営業部などさまざまな部門出身の弁理士、知的財産管理技能士など多彩なバックグラウンドを持つ専門家集団がアクシス国際特許業務法人の手厚いサービスを支えている。

また、2010年には弁理士業界で初めてISO27001（情報セキュリティーマネジメントシステム）を取得するなど情報管理も盤石だ。

アクシス国際特許業務法人

多彩なバックグラウンドを持つ専門家集団

知財活動で商品価値を向上し企業の成長を企業の発展に向け「知的創造サイクル」を構築

2012年11月、アクシス国際特許業務法人は創業の地である東京・新橋の新橋アイマークビルにオフィスを移転した。

JR新橋駅から徒歩わずか1分の立地にある同ビルは、制震ダンパーやCFT柱を採用するなど最先端技術を採用し高い耐震性能を確保している。

セキュリティ機能や非常用発電設備も充実していて、災害時のリスクを最小限に抑えることを可能にしている。

「安全性が高く、清潔感ある落ち着いた雰囲気の空間でクライアント企業と打ち合わせできる環境を考えて移転しました。今後も顧客満

アクシス国際特許業務法人では、商標出願から商標管理までカユイところに手が届く新サービス「スマート商標」を提供予定とのことである。

「スマート商標」とは、従来のユーザーが求めていた商標サービスを具体化したもので、わかりやすく合理的な料金体系と返金保証による「スマートな費用」、Web上で必要項目を入力するだけで見積の入手や出願依頼が行える「スマートな手続き」、専用ファイルや商標管理用のWebサイトを使って案件を管理できる「スマートな管理」といった三つのスマートをコンセプトにした新しい商標サービスが特徴的だ。

特に、商標出願・管理の経験が少ない中小企業や個人の方であっても、「スマート商標」を選択すれば、面倒な関連書類の整理や商標権ごとの更新期限の管理をスマートに行えるのが画期的で、このような権利の管理までをもケアするサービスはなかなか見受けられず、本サービスの特徴にも同法人が掲げる「おもてなし」の心がよく現れているといえる。

21世紀は「知的創造時代」といわれ、企業が発展していくには、「基本技術中心の研究開発」「研究成果の権利化」「事業としての権利の活用」からなる「知的創造サイクル」を築き上げていくことが極めて重要となっている。

歴史と伝統に裏打ちされた確固とした基盤を持ち、業務の永続性及び安定性を兼ね備え、国際的に広く利用できるワンストップサービスを打ち出しているアクシス国際特許業務法人の取り組みは、今後の企業経営の方途を指し示す確かなジャイロとなるに違いない。

足を第一に、海外での活動を含めた企業の知財のすべてについてサポートしていきます。企業の知財を守ることで総合的に商品の価値を高めて企業の成長を促し、ひいては日本経済の活性化に貢献できればと考えています」と中島弁理士は語る。

PROFILE

中島　拓（なかじま・たく）

特定侵害訴訟代理業務付記
東京大学工学部化学システム工学科卒（ディーゼル燃料に関する研究）。日立システムテクノロジーにて、主に排ガス処理、リサイクル関連の事業を手がける。２００６年アクシス国際特許業務法人代表弁理士就任。
２０１０年　　日本弁理士会関東支部研修委員会委員
２０１１年　　日本弁理士会知財経営コンサルティング委員会委員
２０１２年　　日本弁理士会研修所ＩＰＢＡ部会運営委員
専門：化学工学、環境化学、有機化学

INFORMATION

アクシス国際特許業務法人

所在地
〒105-0004　東京都港区新橋２丁目６番２号
　　　　　　新橋アイマークビル８階
　　　　　　TEL 03-6205-4122　　FAX 03-5501-9121
　　　　　　E-mail　office @ axispat.jp

アクセス
- JR「新橋駅」日比谷口より徒歩１分
- 東京メトロ銀座線「新橋駅」８番出入口より徒歩１分
- 都営三田線「内幸町駅」A1出入口より徒歩３分

沿革
- 1958年　　　山際国際特許事務所開設
- 1974年　　　倉内国際特許事務所に名称変更
- 2006年8月　 アクシス国際特許業務法人に名称変更
- 2012年11月　中央区日本橋から港区新橋へ事務所移転

取り扱い分野
- 知財コンサルティング
- 特許・実用新案（電気電子・機械・化学・材料・バイオ・その他全般）
- 意匠・商標・著作権・不正競争・税関水際差止
- 調査・鑑定・訴訟
- 技術及び法律文書等の翻訳
- 諸外国特許庁への手続き（アメリカ・ヨーロッパ・韓国・台湾・中国・その他世界各国での出願等手続きに実績あり）

INTERVIEW

幅広い視点から企業の発展に貢献する知的財産権のエキスパート

「私たちは知的財産権のエキスパートとして、知的財産の保護や活用がお客様の本当の利益となるようにサポートしていきます」

三都国際特許商標事務所
弁理士　長田 豊彦

Life and business are supported forcibly.

SAMURAI業

三都国際特許商標事務所

商社、メーカー勤務で培った知識と経験を活かす 想いを共有するパートナーとともに独立開業

大阪市北区は、デパートやホテルなどの商業施設、オフィスビルが立ち並ぶ商都大阪の中心部だ。JR、地下鉄、阪急電鉄、阪神電鉄のターミナルが交差する梅田界隈はわが国有数の繁華街で知られ、JR大阪駅周辺はグランフロント大阪に代表される近未来志向の市街地再開発に全国の視線が集まる。

一方周辺地区では商店街として日本一の長さを誇る「天神橋筋商店街」をはじめ、お初天神や大阪天満宮など歴史のある神社、日本三大祭りの一つである「天神祭」など下町的な情緒も残されている。

こうした歴史と伝統を培いながら発展を続ける北区のJR大阪天満宮駅近くで、平成23年に開設以来、知的財産権の確立と活用を中心にひたすら企業の成長を願って奮闘を続けているのが、三都国際特許商標事務所代表の長田豊彦弁理士である。

知的財産権のエキスパートとして、企業の国際化に伴う知財活用をわかりやすく解説する長田弁理士のもとには、国内だけでなく遠く海外に市場を求める企業からの相談が引きも切らない。

長田弁理士は神戸大学発達科学部を卒業後、大手商社に勤務し社会人としてのキャリアを積んでいった。弁理士を志した動機を長田弁理士は次のように語る。

「商社マン時代に技術者として中国の工場で技術指導をしていたことがありましたが、どうすればこの商品を保護できるのだばかりの商品が巷の店頭にあふれていたことがありました。

ものづくりを熟知していればこその手厚いサポート
「モノづくりの専門家」として力強く支援

ろうかと勉強する中で知的財産権の大切さを知りました。そして知財問題を専門に扱う弁理士の仕事に魅せられていったのです」

やがて商社を退職した長田弁理士は、特許事務所で実務経験を積みながら弁理士の試験に合格。その後高木秀文弁理士との出会いがあった。

特許事務所での仕事は順調だったが、もっと自分の方向性を出していきたいという思いが強くなり、仕事の価値観が合う高木弁理士とともに平成23年に独立開業した。

長田弁理士とともに代表パートナーを務める高木弁理士は、熊本大学大学院自然科学研究科を修了後、機械メーカーに就職し技術者としてのキャリアを積んできた。

「日々モノづくりに携わる中で、自分たちが技術の粋を集めて作った製品がどれだけ強い権利を取得できるのか、またその権利をどのように守ることができるのかということに強い関心を持つようになりました」と高木弁理士は弁理士をめざしたきっかけを語る。

平均年齢の高い弁理士業界の中で、若手の弁理士2人が互いの経験と知識を活かし、日本企業の未来の発展のために独立開業した意義は極めて大きいといえる。

長引く長期のデフレ不況で、わが国の十八番だったモノづくりの低迷が叫ばれる中で、これまでの観念にとらわれない柔軟な発想と行動力を身上とする若い二人の弁理士のタッグによる三都国際特許商標事務所の存在は、今の日本の産業界にとっても朗報と言える。

三都国際特許商標事務所

強力なパートナーの高木弁理士（右）と

ＩＴ（情報技術）、ＩＣＴ（情報通信技術）の目覚ましい発達で情報化社会が加速し、現代社会では様々な情報が簡単に入手できるようになったが、知的財産権に関する法律も時代の移り変わりとともに、毎年のように改正されている。

このため、「特許出願はしたものの、その後はどうすればよいかわからない」という声は発明者の間に多い。こうした声に応えて三都国際特許商標事務所では、一人の弁理士が一企業の業務に対して最初から最後まで一貫して懇切丁寧にサポートする体制を敷いている。

「規模の大きな事務所だと分業制が主流ですが、私達は1から10まで一人の弁理士が担当しています。一つの技術の概要だけを把握して、あとは事務的に書類を整えるだけでは有効な特許は取得できません。また有効に活用することもできません」と同一弁理士による一環したサービスの利点を長田弁理士は強調する。

長年にわたる豊富な経験の中から長田弁理士と高木弁理士は、時間がかかって面倒なことで知られる特許取得についても、一つひとつ丁寧

INTERVIEW SAMURAI業

懇切丁寧に話を聞くのがモットーだ

に進めていかなければ、本当に企業の発展に繋がる特許を取得することはできないと指摘する。

「より良い権利を取得するためにはどういう方法を採ればいいのか、といった提案を依頼者に丁寧に行っていくことを心掛けています。何がより依頼者のメリットになるのかを考え、取得した権利をいかに効果的に活用することができるかをサポートしています」と語る高木弁理士だ。

直木賞作品の小説『下町ロケット』でも描かれているように、日本の中小・ベンチャー企業の中には、非常に高度な技術力を持つ企業は多い。しかし特許に対する意識が希薄であるため、せっかくの斬新な発明も大企業の権利にされてしまったり、自社固有の権利取得の機会を逃してしまうケースが多いのが現状だ。

また、権利を取得したとしても、その技術が優秀で画期的なモノであるほど、既得の権利を守ろうとする大企業によって権利の行使を阻まれたり、事業化の芽を摘まれたりしてつぶされてしまうということもあるという。

特許出願には多額のコストがかかり、専門的な知識も必要だからこそ、自らの技術力を知的財産権で守ることを専門とする弁理士の役割はますます大きくなっているのだ。

商社で技術者としてマーケティングを経験した長田弁理士と、開発者として技術に携わってきた高木弁理士の「ものづくりの専門家」として互いの経験を活かしたきめ細やかな対応は、多くの依

三都国際特許商標事務所

企業の国際化を後押しする的確なアドバイス
正しい判断、適切な処理でトラブルを未然防止

頼者から高い評価を受けている。

最近、弁理士の増加に伴って、一つの業務に特化する特許事務所が増えているが、三都国際特許商標事務所では、国内・国外の出願をはじめ幅広い分野を取り扱っている。

「私たちは知的財産権のエキスパートとして、お客様の知的財産の保護や活用がお客様の本当の利益となるようにサポートすることをモットーとしています」と長田弁理士は力強く語る。

「お客様の知的財産は、文字通り財産としての価値を有するものですが、目に見えないものだけに、しっかりと保護し適切に活用できるものでなければなりません。お客様の本当の利益は、それぞれの事情に応じて異なるものなので、状況に応じた幅広い対応を意識して業務に取り組んでいます」と高木弁理士。

一方、内需不振から中堅・中小企業の間でも市場の活路を海外に求めて、海外進出を模索する企業が増えてきている。

「中でも東南アジアでの市場開拓を考えている企業が多いですね。昨今の技術の高度化やグローバル化の流れを受けて、企業の知財戦略はますます多様化・複雑化しています。このため、私たちは外国代理人とのコミュニケーションを十分に図るとともに、外国の特許法等の改正情報もきめ細かくチェックしています。知的財産権のエキスパートとして今後さらに多角的な視野と見識をもって、迅速かつ的確な対応に励んでいきたいと決意を新たにしています」と長田弁理士はきっぱり語る。

知的財産権の保護強化政策が、中国、米国、日本の出願件数ベスト3国をはじめ世界各国で推進

INTERVIEW SAMURAI業

知的財産権は今や戦略的活用の時代に
知財の有効活用を展開するコンサルティング

されている。今や特許をはじめとする知的財産権は、激烈な市場競争を勝ち残るための重要な経営戦略であり、企業にとっての生命線、切り札であるとの認識が高まってきている。

また、外国で特許訴訟に巻き込まれるケースも増えてきた。敗訴すれば日本では考えられない莫大な金額の損害賠償額の負担等によって、企業の存立基盤を揺るがしかねない状況に追い込まれる危険性がある。中国で技術指導を行っていた長田弁理士の知識と経験に基づく現実的なサポートは、内外企業からの高い評価を得ている。

企業のグローバル化が進む中で、知的財産権は権利取得の時代からライセンス交渉、侵害警告事件、訴訟事件等の戦略的活用の時代に移っているといわれる。

政府の知財重視の政策を受けて、特許費用の助成金制度や減免制度の充実を図る自治体も増えてきた。肝心の企業の方はどうだろうか。残念ながら多くの企業の中では、社内に設けられている知財部など知的財産権を担当する部署が必ずしも充実しているとは言えない。

三都国際特許商標事務所では、企業の知財戦略への取り組みを強化するため、知的財産戦略コンサルティングをはじめするマネージメントに踏み込んだ幅広い分野にも力を入れていこうとしている。

「知財を活用していると思っていても、実際はあまり有効に活用できていないケースが多くあります。講師活動やセミナーを通じて、絶えず変化する状況の中で、企業が保有している知的財産権を

三都国際特許商標事務所

素早く的確なサービスを提供する

最も有効に活用できる方法を考えて提供していきたいと考えています」と長田弁理士は熱っぽく語る。

　新規事業参入、新製品開発にあたっては、知財戦略が極めて重要な要素となる。具体的には「自社の技術力の分析」「競合の技術力の分析」「技術動向の分析」などがあげられ、ここでは多様な知識と経験が必要だ。最適な知財戦略を構築するためには、事業戦略に基づいた戦略を立てなければならない。

　「知財情報を十分に活用できれば、戦略策定の重要な判断材料となります。研究者や技術者、担当者など個人の判断に特許出願を任せていては、有効な知財戦略を構築することはできません。これまで培ってきた豊富な知識と経験をもとに、様々な事案を取り扱っている私たち専門家に任せていただくことをお勧めします」

　高木弁理士がいうように、知的財産権は、研究・開発、マーケティング、資金調達、宣伝・販路開拓等の様々なビジネスの場面を想定して、活用の方法を戦略的に検討していかなければ事業に結びつかない。商社と機械メーカーでのキャリアを積んだ長田弁理士と高木弁理士だからこそ、それぞれの企業の実情に合った的確な指導と、有効なサービスを可能にしているのだ。

INTERVIEW
SAMURAI業

知財戦略は企業の命運を制する重要課題
顧客本位のサービスを貫く信頼の弁理士

開業以来、丁寧なサービスで着実に業容を伸ばしてきた三都国際特許商標事務所だが、長田弁理士、高木弁理士はさらなる活動に意欲を燃やす。

まず、長田弁理士は、「弁理士という仕事は、私たちの力量、取り組みの手法によって企業が持っている知的財産がより一層輝きを増すのか、そうでなくなるかが決まってしまいます。顧客の命運を担う非常に重要な仕事であり、その責任の大きさを痛感しています。企業にとって一つひとつが大切な財産である知的財産を護り、有効に活用することで成果を生み出し、社会的責任を果たしていければと願っています」と語る。

また、高木弁理士は、「事務所の名前の〝三都〟は東京・名古屋・大阪を中心に、色んな地域の企業の皆様のお役に立てればと思って名づけたものです。顧客本位のサービスを貫きながら、さらに幅広い業務にとりくんでいければと思っています」と意欲満面だ。

長田弁理士、高木弁理士とも休日は子どもと遊ぶことで日々の疲れが癒されると、揃っての子煩悩ぶりをのぞかせる。

穏やかな語り口調と、気さくで親しみやすい人柄が魅力の長田弁理士、高木弁理士だが、『知的財産権のエキスパートとしてお客様の本当の利益を追求する』理念を追求する2人の弁理士のあくなき挑戦が続く。

178

PROFILE

長田 豊彦（ながた・とよひこ）

1973年大分県生まれ。1997年神戸大学発達科学部人間環境学科卒業。商社勤務、特許事務所勤務を経て弁理士資格を取得。2011年独立開業。

＜専門分野＞ 特許・実用新案／意匠／商標

高木 秀文（たかき・ひでふみ）

1980年熊本県生まれ。2003年熊本大学工学部知能生産システム工学科卒業。2005年熊本大学大学院自然科学研究科博士前期過程修了。機械メーカー勤務、特許事務所勤務を経て弁理士資格取得。

＜専門分野＞ 特許・実用新案／意匠／商標

INFORMATION

三都国際特許商標事務所

所在地 〒530-0044 大阪市北区東天満1丁目11番5号
若杉グランドビル別館 802
TEL 06-6354-4305　　FAX 06-6354-4306
E-mail info@santo-pat.com

アクセス ●JR大阪天満宮駅2番出口から徒歩1分。

設立 平成23年12月

取り扱い分野 発明相談／商標相談／意匠相談／審査・審判手続に関する相談／発明・商標・意匠・審査・審判手続以外の相談／先行技術調査／先願・先登録調査／国内出願／国外出願／登録業務／年金管理／ライセンス・契約／講師・社内教育／知的財産戦略コンサルティング／その他コンサルティング／鑑定／権利侵害判断のための調査（特許・実用新案）／権利侵害判断のための調査（意匠）／権利侵害判断のための調査（商標）／権利侵害判断のための調査（不正競争）

INTERVIEW

「豊かで楽しい」を実感できる空間づくりのプロ
地域に根差し地域と共に歩む神戸っ子建築家

Life and business are supported forcibly.

「建築の価値は建物だけにあるのではありません。その土地をいかに上手く活かし、お客様が満足して暮らせる家にできるかどうかに成功の鍵があると言えます」

スペースプロ　一級建築士事務所
一級建築士　岡田 俊彦

SAMURAI業

■■ スペースプロ　一級建築士事務所

数々の建築デザインコンペで入選を果たす
豊富な経験と実績を活かし平成16年に独立開業

神戸市中央区の元町周辺は、東隣の三宮や西に位置する神戸駅周辺とともに、神戸市の中心市街地だ。横浜の中華街と並び称される南京町をはじめ、旧居留地、メリケンパークなど全国的に有名な観光スポットを擁している。

「ファッションと神戸の味」。衣と食を関西の中心となって発信し続けている神戸元町は、デザイン都市神戸の「核」となっている地域でもある。

歴史と伝統の香りを漂わせて進化するデザインの街、元町のJR元町駅近くの瀟洒なオフィスビル「コフィオ神戸元町」の一角に、『豊かで楽しいをお客様に実感していただける空間づくり』をコンセプトにした一級建築士事務所がある。

ローコスト住宅から高級デザイン住宅まで、依頼人の納得できる家づくりにまい進している岡田俊彦一級建築士が平成16年に開設したスペースプロ一級建築士事務所である。

数々のコンペで入選し、岡田建築士の独創的な建築作品は多くのマスメディアにも取り上げられ、その幅広いデザイン発信力は定評のあるところで、全国各地から「理想の建築」を求めて依頼者が岡田建築士を訪ねる。

岡田建築士は明石市の生まれで、ダイエーの創業者中内㓛氏や映画評論家の淀川長治氏などを輩出した名門校で知られる兵庫県立長田高校の出身だ（30回生）。

神戸大学工学部の環境計画学科（建築系）に進み、在学中は卒業設計最優秀に輝き、毎日新聞主

INTERVIEW SAMURAI業

依頼人が心から満足できる最適設計を提案
"数値を超える広さ"、"価格を超える品質"

催のDASコンクールには学校推薦を受けて出展している。

卒業後は東京系全国大手設計事務所に勤務して建築士としてのキャリアを積んでいった。意匠設計チーフとして大阪伊丹空港空間アメニティー提案や、ポートライナー神戸空港駅デザインプロポーザルコンペなどの建築コンペで7回の当選を果たし、岡田建築士の設計で完成している。

岡田建築士の入選作品が住宅雑誌の巻頭特集に取り上げられるなど優れた実績を重ねて、平成16年9月に一級建築士事務所を開いて独立したのだった。

建築士を志した動機を岡田建築士は次のように語る。

「幼いころ愛媛県の今治市に住んでいたことがありましたが、港で停泊しているフェリーを見て『こういうものを造ってみたい』と思いました。その後興味を持って調べているうちに一級建築士の仕事を知りました」

岡田建築士の作品は、街並みに知的な印象で映える建築デザインによって、そこで暮らす人々、働く人たちの知性や奥ゆかしさ、趣味の良さなどが醸し出される―との評価がもっぱらだ。

岡田建築士は後進の指導にも意欲的で、大手前大学で非常勤講師を務めているほか、建築学生の受け入れにも積極的だ。

日々神経をすり減らして忙しく働くサラリーマンの誰もが欲しているのは、安らぎのある、心からくつろげる住まいだろう。開放感のあるゆったりとした空間。木材をふんだんに使用した落ち着

スペースプロ　一級建築士事務所

「和とアジアンリゾート」のテイストが漂う「明石江井ヶ島の家」

いた風情の住宅は、疲れた心身を癒し明日への活力を与えてくれる。

スペースプロ一級建築士事務所は、岡田建築士の様々なプロジェクトに携わってきた経験と実績を活かし、機能、品質、デザインのすべてにおいて依頼人が心から満足できる最適設計を提案している。

「面積を超える広さの実感、価格を超える品質の実現を設計のテーマとして業務に取り組んでいます。建築の価値は建物だけにあるのではありません。その土地をいかに上手く活かして設計するかに、お客様が満足して暮らせる家にできるかどうか、成功の鍵があると言えます」と強調する岡田建築士。

スペースプロ一級建築士事務所では、高低差を利用してデッキで親子二世帯を繋いだり、台形の敷地形状を内部の診療チェアの有機的配置に反映したりするなど、敷地条件の長所を活かし、短所をリカバーする計画力を最大に発揮し、建築を進めている。

また岡田建築士は、部屋の実際の広さは面積の数値で感じるものではないという。

INTERVIEW
SAMURAI業

ランプの灯と夕暮れの海が美しい「江井ヶ島の家」

「部屋の内部と外部のつなぎ方で視覚的にずいぶん広く感じるものです。室内の壁とテラスの壁の色調や素材感をうまく取り合わせて、外部空間を取り込むことによって空間をより広く感じさせることができます。また、連続感のある床材と、フルオープンになる建具によってテラスとリビングを一体化させるなど、床面積では表せない、数値を超えた広さとくつろぎが実感できる住空間を実現しています」と岡田建築士は熱く語る。

住宅の住み心地、気持ち良さは外観だけで判断できるものではない。依頼人の希望に応じて、窓の位置や開口部の高さ、テラスの位置と方位の設定など、設計段階で理科年表をチェックしながら、太陽や月の位置を計算して設計する場合もあるという。

「こうした設計によって、例えば満月の夜にテラスから海に広がる月明かりを楽しむ──というようなことも可能です。そのシーンは、そこで暮らす人だけが独占できる贅沢と言えます。是非あなただけの空間を体感していただきたいと思います」と勧める岡田建築士である。

岡田建築士が設計した「東二見の家」は、海辺の暮らしを楽しむことのできる家で、毎週土曜の昼間に内部を見学することができる。お弁当持参の家族連れがランチタイムを楽しめるなど、リゾート感覚を満喫することができるという。

184

■■■ スペースプロ　一級建築士事務所

「この世で一作」となる建築をゼロから考える 資材などのコストコントロールに力を注ぐ

「設計の効率化を図るためにコンピューター頼りの作業が一般化しましたが、それを『建築デザインの機械化』と混同している人がいます」と岡田建築士は指摘する。

スペースプロ一級建築士事務所では、デザインを決定するまではコンピューターに頼らず、あえて手書きスケッチと手作り模型での検討を加えていくことにしている。デザインが決まればCADによって図面を作成するという。

「バランスの良い建築物をつくるには、確たるコンセプトを持たず、単に貼り付けた画像データで"カッコイイ"ものがたまたま出来上がっても、次作につながる進歩を自分自身に残せず、ひいてはお客様のためにもなりません。自分の中にあるバランス感覚を磨き、常に『この世で一作』となる建築をゼロから考えるスタイルを守っていこうと決めています」と岡田建築士は熱く語る。

また岡田建築士は、建築資材などが安く入手できる代理店ルートと、工務店が安く入手できるルートを比較検討して、最も安いルートで仕入れるなど、コストコントロールに力を入れている。

さらに、低利融資など優遇制度を活かした資金計画のアドバイスや、地元神戸の不動産会社との緊密なネットワークによる住宅用地や事業用の土地探しなど、地元密着の責任感溢れた真摯な仕事ぶりがスペースプロ一級建築士事務所の大きな特徴だ。

「私が高校時代、青春を過ごした須磨から、垂水、明石にかけての一帯は、今後もマリンリゾートとして発展する余地があります。設計に携わる者は、地域の良さ、魅力を最大限に引きだして、地

INTERVIEW
SAMURAI業

お寺の庫裏を現代的にした「『遊行の庭』がある家」

域で暮らす人々や訪れる人たちが最大限の幸福感を味わえるような環境づくりを考えていかなければなりません」

生まれ育った地元で仕事をする者ならではの熱情溢れる言葉だ。

岡田建築士がいう須磨から、明石に至る風光明媚なマリンロケーションは、近い将来エキゾチックな日本離れした〝アジアンリゾート〟として地域の発展に大きく貢献することになるだろう。

種類に応じた愛犬の住まわせ方にひと工夫 依頼者が気軽に立ち寄れる事務所を目指して

内閣府の動物愛護に関する世論調査によると、日本全国でペットを飼う世帯は34・3％にのぼり、実に3世帯に1世帯を超え、今やペットは家族のプラス1と言えるだろう。

「家で飼う場合、材質は床材がすべらない、臭わない、掃除がしやすいことがポイントになります。

さらにいつも家族の身近なところにいて、ちょっと覗けば目が合う距離感がいいですね」

186

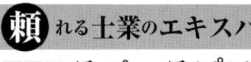

スペースプロ　一級建築士事務所

プロへのこだわり見せるプロフェッショナル一級建築士
地域に根差した幸せの住まいと環境づくり

岡田建築士によると、犬種に応じた住まわせ方があり、例えば柴犬のような日本犬だと自由に動ける空間をきちんと制限する必要があるという。

「私は柴犬を飼っていますが、家の中を自由に歩かせると、家を自分の縄張りだと思ってしまうようで、家の中できちんと注意すると『お前何言うてんのや』みたいな顔をするんです」

岡田建築士は以前、他の設計事務所と共同でオフィスを借りていたが、平成25年4月から今のところに事務所を引っ越し、依頼者が気軽に立ち寄れる事務所作りを行っている。ここでは明石市に拠点を置く不動産会社、工務店などがネットワークを組んで協力する「明石土地建物情報センター」の設立に向けて奔走している。

開設以来スペースプロ一級建築士事務所は、人と人とのつながりを何より大切に、着実に業容を伸ばしてきた。

岡田建築士は事務所の名前について、「空間というお客様の資産を扱うプロフェッショナル（専門家）であり、プロポーザル（提案）を行い、プログレス（進歩）を経てお客様に喜んでもらえるプロフィット（利益）を生み出していければ、という思いから名づけました」と、いくつもの『プロ』へのこだわりを披歴する。

さらに続けて、「狭い領域で小じんまりとまとまった建築家あるいは設計デザイナーにとどまるの

ではなく、専門職種に関係なく想いや理想を共有できる同志、仲間として互いに触発し合いながら成長していければと思います」岡田建築士は今後に思いを馳せる。

幼いころフェリーを見て建築士を志すきっかけの場となった愛媛県今治市で、岡田建築士は『海辺のセカンドハウス』プロジェクトを進めている。

地元神戸でも、お寺の庫裏を本堂とのバランスや調和を大切にしながら現代に似合う和風をテーマに計画した『遊行（ゆぎょう）の庭』『備えと対応』など、顧客本位の建築に取り組んでいる。

「これからも地域の発展のため、仲間を増やして一緒に取り組んでいきます」と意欲満面だ。

そして、税制見直しや少子高齢化、不動産価値の変動など様々な情報を活かし、司法書士や不動産業を営む友人からの情報を活かし、その効果をますます発揮するであろう。

ザイン力を加えた提案が住宅に限らず幅広い分野で、岡田建築士のデザイン力を加えた提案が住宅に限らず幅広い分野で、地元に根差し、地域社会の発展を主眼に幸せの住まいと環境づくりにまい進する岡田建築士に、大きな期待と熱い視線が注がれている。

岡田 俊彦（おかだ・としひこ）

1960年3月兵庫県明石市生まれ。1983年神戸大学工学部環境計画学科卒業。「京町屋」で卒業設計最優秀、毎日新聞主催DASコンクールに学校推薦にて出展。1989年2月一級建築士登録。2004年3月まで㈱梓設計で意匠設計チーフを務め、京都市立堀川高等学校、徳島県防災センターなどを担当。2004年9月スペースプロ一級建築士事務所開設。

〈所属・活動〉
国土交通大臣登録一級建築士第222886号、日本建築士会専攻建築士(住宅設計部門)認定、福祉住環境コーディネーター2級。
兵庫県建築士会会員、神戸大学工学振興会（KTC）会員、大手前大学非常勤講師。大阪伊丹空港空間アメニティー提案当選、関西電力須磨クラブ、ポートライナー神戸空港駅などデザインプロポーザルコンペ当選7回。

スペースプロ　一級建築士事務所

所在地
・神戸オフィス　〒650-0012　神戸市中央区北長狭通 5-2-19
　　　　　　　コフィオ神戸元町 401
　　　　　　　TEL 078-335-6417　　FAX 078-946-8889
・明石海岸事務所　〒674-0065　兵庫県明石市大久保町西島 1158-1
　　　　　　　TEL 078-946-8880　　FAX 078-946-8889
　　　　　　　E-mail　okada-888@ninus.ocn.ne.jp
URL　http://www.spacepro.biz

アクセス　●JR元町駅西口から県庁への坂道を北へ2分のところ
　　　　　坂の左手にあるビルの4階です

設立　平成16年9月
受付時間　9:30～18:30　定休日：不定休
事業内容　事務所、店舗、クリニック、住宅の新築・リフォーム

巻末資料① 「弁護士の使命と役割」

■弁護士の使命
弁護士は、基本的人権を擁護し、社会正義を実現することを使命とします（弁護士法1条1項）。
弁護士は、この使命にもとづいて誠実に職務を行います。

■弁護士の役割
〜法律の専門家として、そして「社会生活上の医師」として〜
弁護士は、法廷活動、紛争予防活動、人権擁護活動、立法や制度の運用改善に関与する活動、企業や地方公共団体などの組織内での活動など、社会生活のあらゆる分野で活動しています。
弁護士は、社会で生活するみなさんの「事件」や「紛争」について、法律の専門家として適切な予防方法や対処方法、解決策をアドバイスする「社会生活上の医師」なのです。
病気の予防が大事なのと同じように、社会生活での争いごとを未然に防ぐ活動は、弁護士の重要な役割の一つです。
弁護士が扱う事件には、大きく分けて民事事件と刑事事件があります。それぞれにおける弁護士の役割を以下で説明します。

□民事事件
民事事件は、金銭の貸借、不動産の賃貸借、売買、交通事故、欠陥住宅や医療過誤などの普段の生活の中で起こる争いごとです。広くは、離婚や相続などの家事事件、商事事件、労働事件、行政事件などを含みます。
弁護士は、これらの事件について、法律相談、和解・示談交渉、訴訟活動や行政庁に対する不服申立てといった法律事務などを行っています。

「人の争いごとにどうして弁護士が関わるの？」

こんな疑問をお持ちの方もいらっしゃるかもしれません。当事者の話し合いだけに委ねていたら、解決がつかなかったり、泣き寝入りを強いられることにもなりかねません。

弁護士は、依頼者の立場にたって「法的に守られるべき利益は何か」を模索し、依頼者の正当な利益を実現して紛争を解決するために活動します。このような一つ一つの活動が、人権擁護と社会正義の実現につながるのです。

▢ 刑事事件

刑事事件は、罪を犯した疑いのある人（裁判所に起訴される前は被疑者、起訴された後は被告人といいます）の捜査や裁判に関する事件をいいます。

弁護士は、刑事事件において、弁護人として被疑者や被告人の弁護活動をします。

「どうして悪い人の弁護をするの？」

こんな疑問をお持ちの方もいらっしゃるかもしれません。しかし、捜査の対象となったり、刑事裁判を受けることになったり、犯人であるかのような報道がされたりしても、本当にその人が犯罪を行った「悪い人」であるとは限りません。

弁護人の最も重要な役割は、えん罪の防止です。えん罪の多くは、捜査機関が犯人だと決めつけ、発表された情報にもとづいて、多くの人がその人を犯人だと思いこみがちな状況で発生します。だからこそ、多くの人が被告人が犯罪を行ったと思っている状況でも、無罪の可能性を追求する弁護人の役割が必要なのです。

また、行き過ぎた刑罰が科されたり、違法な手続が見逃されたりしないようにするためにも、弁護人は被告人の立場から、意見を述べ、証拠を提出します。

このような弁護人の活動は、まさに人権擁護と社会正義の実現のためのものにほかなりません。

あなたや、あなたの大切な人にいわれのない疑いが向けられたとき、弁護人は、最後の一人になっても、ベストを尽くします。

(出典：日本弁護士連合会)

巻末資料② 「税理士とは」

税理士はあなたの信頼に応えます。暮らしのパートナーとして身近にいつでも相談できる親しい税理士を見つけておくことも生活の知恵です。健康のことでホームドクターに相談するように税金のことは税理士に「事前」に相談することがもっとも賢明な方法です。

税理士は職務上知り得た秘密を守り（守秘義務）、相談者との信頼関係を揺るがすことはありません。

社会公共的使命をもって公平な税負担により、住みやすい豊かな暮らしを守る。これが、税理士の社会的使命です。

時代に適合した透明な税務行政がなされるよう、公正な立場で、税理士は国への働きかけをしています。それらの使命を全うするため"税理士会"という大きな組織の力で日々活動しています。

『申告納税制度の担い手として』

税理士は、税の専門家として納税者が自らの所得を計算し、納税額を算出する申告納税制度の推進の役割を担います。

正しい税金の知識を持ち、正しい納税の意識を身につけ、賢い納税者となっていただくため、税理士はその手助けを惜しみません。

「税理士はこんな仕事をしています」

□税務代理
あなたを代理して、確定申告、青色申告の承認申請、税務調査の立会い、税務署の更正・決定に不服がある場合の申立てなどを行います。

□税務書類の作成
あなたに代わって、確定申告書、相続税申告書、青色申告承認申請書、その他税務署などに提出する書類を作成します。

□税務相談
あなたが税金のことで困ったとき、わからないとき、知りたいとき、ご相談に応じます。「事前のご相談」が有効です。

□e-Taxの代理送信
あなたの依頼でe-Taxを利用して申告書を代理送信することができます。この場合には、あなた自身の電子証明書は不要です。

□会計業務
税理士業務に付随して財務書類の作成、会計帳簿の記帳代行、その他財務に関する業務を行います。

□補佐人として
税務訴訟において納税者の正当な権利、利益の救済を援助するため、補佐人として、弁護士である訴訟代理人とともに裁判所に出頭し、陳述（出廷陳述）します。

□会計参与として
中小の株式会社の計算関係書類の記載の正確さに対する信頼を高めるため、会計参与として、取締役と共同して、計算関係書類を作成します。「会計参与」は株式会社の役員です。税理士は会計参与の有資格者として会社法に明記されています。

□社会貢献

税理士は…
・「税理士記念日（2月23日）」や「税を考える週間（11月）」などに、無料で税務相談を行っています。
・民事・家事調停委員として紛争解決に携わっています。
・税務の専門家として「法テラス（日本司法支援センター）」に協力しています。
・高齢化時代に向けて「成年後見制度」に積極的に参画しています。
・地方公共団体の監査委員として活躍しています。
・「年金記録確認第三者委員会」に年金実務の精通者として参画しています。
・将来を担う子供たちへの租税教育に、積極的に取り組んでいます。
・税制及び税務行政の改善に寄与するため、国に対し「税制改正建議書」を提出しています。

『新しい時代に向かって』

税理士は税の専門家として
・会社法においては……現物出資にかかる評価証明者として
・地方自治法においては……都道府県や市町村における税金の使途をチェックする外部監査人として
・政治資金規正法においては……「国会議員関係政治団体」の政治資金監査を行う登録政治資金監査人として
・地方独立行政法人法においては……地方独立行政法人の業務を監査する監事として
・中小企業経営承継円滑化法においては……遺留分算定に係る合意価額の証明者としてそれぞれ「税理士」が有資格者として明記されています。

新しい時代に向かって、より多くの場面で皆様のお役に立てるよう、税理士はチャレンジしています。

「税理士は〝あなたの暮らしのパートナー〟です。」

■税理士業務は、有償・無償を問わず、税理士でない者が税理士法又は税理士法人以外の者が行うことはできません。ところが、毎年、税理士証票を携行し、"無資格者"によって多くの方々が被害を受けています。わたしたち税理士は税理士証票を携行し、「バッジ」を着けています。また、税理士は、必ず税理士会に所属し、日本税理士会連合会に備える名簿に登載されています。

(出典：日本税理士会連合会)

巻末資料③ 「社会保険労務士とは」

1．社会保険労務士の業務

□社会保険労務士の役割……企業の健全な発展・労働者の方々の福祉の向上

「社会保険労務士」は、労働・社会保険に関する法律、人事・労務管理の専門家として、企業経営の3要素（ヒト・モノ・カネ）のうち、ヒトの採用から退職までの労働・社会保険に関する諸問題、さらに年金の相談に応じる、ヒトに関するエキスパートです。

□社会保険労務士の定義……社会保険労務士法に基づく国家資格者

社会保険労務士は、社会保険労務士試験に合格した後に連合会に備える社会保険労務士名簿に登録することで、プロとして社会で活躍しています。

社会保険労務士の定義は「社会保険労務士法に基づき、毎年一回、厚生労働大臣が実施する社会保険労務士試験に合格し、かつ、2年以上の実務経験のある者で、全国社会保険労務士会連合会に備える社会保険労務士名簿に登録された者」と法律により定められています。

□社会保険労務士の業務

1．人事労務管理のコンサルティング

労働者の能力を活かせる職場作りを支援します。
こんな問題を解決します。
・就業規則の作成、変更
・労働時間、休日等の労働条件
・賃金制度の統計
・人事関係
・個別労働関係紛争の未然防止と解決
・安全衛生管理
・福利厚生

65歳までの雇用の確保が義務づけられ、契約社員・パート・アルバイト・派遣社員といった雇用の多様化が進む昨今、多様化した人材の能力をいかに引き出し活用するかが、企業の生産性を高めるための重要課題だと言えるでしょう。

企業の業績アップには、年俸制や能力給等の導入といった賃金体系の変更、能率を上げるための労働時間制など、職場のみなさんがいきいきと働ける環境づくりへの工夫が欠かせません。

しかし、それぞれの企業が業績をアップさせるために最も適した体制は、その業種や、働く人と顧客の性別・年齢層などによって異なります。

社会保険労務士は、その会社の実情を専門家の目で分析し、きめ細かいコンサルティングを行います。企業の発展を促すことは、労働条件の改善にもつながり、企業の更なる活力を生み出します。

2．年金相談
払った年金受け取れてますか。こんな問題を解決します。
・年金の加入期間、受給資格者等の説明
・年金の請求に関する書類を依頼人の皆様に代わって作成
・行政機関への請求書提出

少子高齢化時代を迎え、国民の間で年金に対する不安がかつてないほど高まっています。こうした状況の中、年金に関しては企業の顧問的な役割を果たしながら実務を提供することの多かった社会保険労務士ですが、今後は国民ひとりひとりに対して直接、相談や代行といったサービスを提供する機会が増えることが予測されます。

年金は、個人が加入している年金の種類や期間などにより支給額が異なる上に、法改正や制度自体の変更などにより、見込み支給額が増減することもありえます。どんな年金が、いつから、どのくらいもらえるのか。年金をもらうためにはどのような手続が必要なのか。いろいろなご質問にお答えし、ご相談に乗ります。また、年金をもらうための手続をお手伝いします。

3. 労働社会保険手続きの代行
会社の雑務を減らします。こんな問題を解決します。
・労働社会保険の手続き
・労働保険の年度更新
・社会保険の算定基礎届け
・各種助成金の申請
・給与計算、労働者名簿・賃金台帳の調整

労働社会保険関係の手続きや給与等の計算、手続は手間がかかり、非常に複雑なので企業にとっては大きな負担のひとつです。

しかも、年度更新を怠ったり、保険料を滞納したりすると、経営者が追徴金や延滞金を徴収されることになり、小さいと思っていたミスによって大きな損害を被ることになりかねません。

専門的な知識を持った社会保険労務士は、このような労働社会保険手続をすばやく正確に行います。

（出典：全国社会保険労務士会連合会）

巻末資料④「弁理士の仕事」

1. 国内における産業財産権の取得および対応

(1) 特許権・実用新案権の取得

あなたが新しい発明や考案をしたとき、まず弁理士に相談して「特許権」や「実用新案権」を取得しておきましょう。そうしないと、あなたの発明や考案が模倣されたり、逆に同一の技術内容について他人が権利を取得し、あなたはその発明や考案を実施できなくなることがあるからです。

弁理士はあなたから相談を受けると、まず技術内容を把握し、特許権、実用新案権のどちらが適切かを判断します。また、どのようにすれば広い権利が取得できるかを検討します。必要があれば先行技術を調査し、あなたの発明や考案の権利化の可能性、有効性を判断します。

特許権は、技術に関する創作のうち高度な発明を保護対象とするのに対し、実用新案権は、特許権と異なり、技術に関する創作である考案を広く保護対象として、実質的に無審査で取得できる権利です。また、実用新案権は発明ほど高度でない小発明で、しかも、ライフサイクルの短い技術に関し有効なもので、早期に権利化することができます。

そして、発明や考案の権利化を進めることが決まると、弁理士は願書とともにその技術内容を詳しく説明した明細書・図面を作成し、特許庁に対して出願手続(出願内容を電子化したオンライン出願)を行います。

(2) 意匠権の取得

あなたが物品の新しいデザインをしたとき、弁理士に相談して「意匠権」を取得しておきましょう。弁理士はあなたから相談を受けると、まずデザインのポイントを把握し、どのようにすれば広い権利が取得できるかを検討します。次に、意匠の権利化を進めることが決まると、弁理士は願書とともに意匠図面(必要によっては意匠写真)を作成し、特許庁に対して出願手続(出願内

(3) 商標権の取得

あなたが自分の商品やサービスを他人のものと区別するために商標を使用したいとき、弁理士に相談して「商標権」を取得しておきましょう。

弁理士はあなたから相談を受けると、使用を希望する商品やサービスがどの分類に属するかを判断し、必要に応じて希望する商標が登録に値するものであるか否かを検討し、さらにはその商標と同一あるいは類似のものが既に登録されていないかどうかを調査します。

そして、商標の権利化を進めることが決まると、弁理士は願書とともに商標見本を作成し、特許庁に対して出願手続（出願内容を電子化したオンライン出願）を行います。

一方、あなたの商標が登録されたときに、登録要件を欠く他人の商標が登録されるのを阻止するための重要な手続です。

(4) 拒絶理由通知など

弁理士は、出願後の特許庁からの拒絶理由通知（出願を拒絶するための審査結果通知）などに対し、専門的な検討を行い、その拒絶理由通知などが解消するように適切な手続を取ります。

(5) 登録異議の申立

弁理士は申立の理由を詳細に検討し、手続可能な機会に必要な手続（意見書の提出など）を行います。これは出所混同が生じるようなあい紛らわしい複数の商標が登録されるのを阻止するための重要な手続です。

一方、あなたの商標が登録されたときに対して登録異議の申立を行います。弁理士はその登録に対してあなたを代理して登録異議の申立を行います。このような場合、弁理士は申立の理由を詳細に検討し、手続可能な機会に必要な手続（意見書の提出など）を行います。

(6) その他の手続

弁理士は、特許権、実用新案権、意匠権、商標権又はそれらの実施権についての登録、移転、変更などの適切な手続を取ります。

(7) 審判の請求

拒絶理由が解消しないとして出願が拒絶された場合でこの拒絶処分を不服とするとき、他人の

(8) 訴訟

あなたが審判の審決に不服なとき、あなたの代理人としてその審決の取り消しを求める訴訟を裁判所に起こします。

また、あなたが権利侵害の訴訟を起こしたり、起こされたとき、一定要件のもとで弁護士と共同であなたの訴訟代理人として、又はあなたや代理人の補佐人として訴訟を有利に展開させます。

(9) 鑑定・判定・技術評価書

弁理士は、あなたの代理人として発明や考案や意匠の範囲がどこまで及ぶか、商標が類似しているか否かについて、鑑定を行います。

また、このような事柄について、特許庁の見解を求めるため、あなたの代理人として判定請求を行います。

さらに、実用新案権は実質的に無審査で取得できる権利ですので、権利の有効性を確認するために、あなたの代理人として特許庁に対して技術評価請求書の内容について鑑定を行います。

(10) 裁判外紛争解決手続

① あなたに代わって、裁判外で、特許権、実用新案権、意匠権もしくは商標権又はJPドメイン名について、日本知的財産仲裁センター（旧工業所有権仲裁センター）が行う裁判外紛争解決手続をします。

② あなたに代わって、裁判外で、回路配置利用権または特定不正競争に関する裁判外紛争解決の手続代理をします。

(11) 輸出入差止め

特許権、実用新案権、意匠権、商標権、著作権などを侵害する物品について、関税法に規定された認定手続並びに認定手続を執るべきことの申立及び申立に関する手続において、権利者の代理のみならず輸入者及び輸出者の代理を行います。

(12) 契約の締結等

特許権、実用新案権、意匠権、商標権、回路配置若しくは著作物に関する権利若しくは技術上の秘密の売買契約などの締結をあなたに代わって行ったり、媒介や相談にも応じます。

このような新規業務に関して日本弁理士会では全会員（弁理士）を対象とした研修を義務付けています。

2. 外国における産業財産権の取得及び対応

産業財産権は、各国の法律によって国ごとに成立しているため、日本で取得した権利は外国には及びません。したがって、外国で製品を製造・販売したり、商標を使用するためには、外国で産業財産権を取得したり、外国の産業財産権に対処する必要があります。現在、産業財産権の国際的保護を容易にするため、世界の先進国を含む１３０ヶ国以上が「パリ条約」を結んでおり、特に、発明に関してはさらに９０ヶ国以上が「特許協力条約」を、また商標に関しては、４０ヶ国以上がマドリッド協定議定書を結んでいます。

弁理士は、あなたが外国で発明や商標について権利を取得したいとき、複雑な手続を代行します。

そのために、弁理士は外国の提携弁理士と手紙やファクシミリなどで法律改正などの情報交換をしたり、直接会って意思の疎通を図るなど、常に国際的な交流を続けています。

3. なぜ弁理士に相談する方がよいのでしょうか

産業財産権の取得や産業財産権の紛争解決についてあなた自身が対処できることはもちろんです。

しかしながら、産業財産権の取得や産業財産権の紛争解決には、例えば発明や考案という無形の技術的思想を文書によって表してその技術的範囲を画定したり、商標の類似性を判断するなど、高度な技術、法律的、実務的知識を必要とします。弁理士はこのような要請下で認められた唯一の国家資格者であり、あなたが不測の不利益を被ることのないように、産業財産権の取得や産業財産権の紛争解決をスムーズに行います。

なお、特別な理由もなく弁理士以外の人が手続の代理を行うことは、法律（弁理士法第75条）によって禁じられていますのでご注意ください。

4．その他

産業財産権以外の知的財産権、例えば著作権（絵画、音楽、コンピュータプログラム）や半導体集積回路配置などは産業財産権に隣接する法域で認められるものであるため、これらに関しても適切なアドバイスを行います。

・出願の代理を行います
・出願後の問題にも対処します
・争訟
・鑑定、判定請求をします
・実用新案権の技術評価請求をします
・外国における産業財産権の取得、対応を行います
・意匠登録出願における弁理士の役割
・商標登録出願における弁理士の役割
・不正競争防止法における弁理士の業務

（出典：日本弁理士会）

巻末資料⑤ 「司法書士について」

『司法書士とは』

司法書士は、使える法律の知恵と等身大のアドバイスをご提供します。

・家を買おうと思うけど知らないことが多すぎる！
・借金のことで頭がいっぱいで生きた心地がしない。
・高齢でひとり暮らしをする故郷の母親の身が心配…
・自動車事故でぶつけられたのに泣き寝入り？
・子供がいない私たちの財産は将来どうなるの？
・自分の会社を起したはいいが経営が行き詰っている…

生きていると、想像もしなかった出来事が起き、不安なことやつらいことにたくさん遭遇します。誰かに助けを求めたくても「わかってくれそうな誰か」なんて見つかりそうにない。できることなら、経験に基づいたコトバで解決への道筋を見出してほしい。上からモノを言うのではなく、同じ目線で話をじっくり聞いてほしい。みなさまがこのようなつらい現実に遭遇された時、解決に向け、使える法律の知恵と、使える法律の知恵と等身大のアドバイスを提供する。それが司法書士の仕事です。

司法書士にできることって、実は相当広いことをご存じですか？
きっとお役に立てるに違いありません。

相談費用については柔軟に対応いたしますし、プライバシーや秘密も厳守いたします。

みなさまがお住まいの街にも「司法書士事務所」の看板がきっとあるはず。是非安心してご相談にお立寄り下さい。

203

『司法書士の専門分野』

人の依頼を受けて行うことのできる司法書士の業務は、多岐にわたっております。その内容は、司法書士法 第3条や司法書士法施行規則 第31条に規定されていますが、およそ下記のようになります。

① 登記又は供託手続の代理
② （地方）法務局に提出する書類の作成
③ （地方）法務局長に対する登記、供託の審査請求手続の代理
④ 裁判所または検察庁に提出する書類の作成、（地方）法務局に対する筆界特定手続書類の作成
⑤ 上記①～④に関する相談
⑥ 法務大臣の認定を受けた司法書士については、簡易裁判所における訴額140万円以下の訴訟、民事調停、仲裁事件、裁判外和解等の代理及びこれらに関する相談
⑦ 対象土地の価格が5600万円以下の筆界特定手続の代理及びこれらに関する相談
⑧ 家庭裁判所から選任される成年後見人、不在者財産管理人、破産管財人などの業務

司法書士は、国民の権利の擁護と公正な社会の実現のため、常に品位を保持し、業務に関する法令及び実務に精通して、公正かつ誠実にその業務を行わなければならないという重い責任を負っております。

『司法制度改革の中で』

21世紀になり、わが国は「規制社会から活力ある競争社会へ」と大きな変革を迎えます。自己責任型の競争社会では、紛争を迅速に解決するために司法制度の改革が要求されました。この流れの中で、国民の身近な紛争の解決の担い手として、司法書士にスポットライトがあてられることとなりました。

〈2002（平成14年）簡易裁判所における訴訟代理等を行う業務が付与される〉

巻末資料⑥ 「行政書士について」

『行政書士とは』

行政書士は、行政書士法（昭和26年2月22日法律第4号）に基づく国家資格者で、他人の依頼を受け報酬を得て、役所に提出する許認可等の申請書類の作成並びに提出手続代理、遺言書等の権利義務、事実証明及び契約書の作成等を行います。

行政において福祉行政が重視され、国民生活と行政は多くの面に関連を生じることとなり、その結果、住民等が官公署に書類を提出する機会が多くなっています。

又、社会生活の複雑高度化等に伴い、その作成等に高度の知識を要する書類も増加してきています。

行政書士が、官公署に提出する書類等を正確・迅速に作ることにより、国民においてその生活上の諸権利・諸利益が守られ、又行政においても、提出された書類が正確・明瞭に記載されていることにより、効率的な処理が確保されるという公共的利益があることから、行政書士制度の必要性は極めて高いと言われています。

司法書士法が大幅に改正されました。その改正内容は多岐にわたり、法務大臣が指定する法人が行う研修を修了し、法務大臣に認定を受けた司法書士は簡易裁判所における事物管轄を範囲内とする民事訴訟、調停、即決和解等の代理、法律相談、裁判外和解の代理を行うことができる規定が新設されました。

その他の主な改正としては、司法書士法人に関する規定、司法書士会における紛議調停に関する規定の新設、司法書士試験科目の憲法追加などです。

（出典：日本司法書士会連合会）

205

『行政書士の業務』

「官公署に提出する書類」の作成とその代理、相談業務

行政書士は官公署（各省庁、都道府県庁、市・区役所、町・村役場、警察署等）に提出する書類の作成、同内容の相談やこれらを官公署に提出する手続について代理することを業としています。その書類のほとんどは許可認可（許認可）等に関するもので、その数は1万種類を超えるとも言われます。

※他の法律において制限されているものについては、業務を行うことはできません。

「権利義務に関する書類」の作成とその代理、相談業務

行政書士は、「権利義務に関する書類」について、その作成（「代理人」としての作成を含む）及び相談を業としています。

「権利義務に関する書類」とは、権利の発生、存続、変更、消滅の効果を生じさせることを目的とする意思表示を内容とする書類をいいます。

「権利義務に関する書類」のうち、主なものとしては、遺産分割協議書、各種契約書（贈与、売買、交換、消費貸借、使用貸借、賃貸借、雇傭、請負、委任、寄託、組合、終身定期金、和解）、念書、示談書、協議書、内容証明、告訴状、告発状、嘆願書、請願書、陳情書、上申書、始末書、定款等があります。

「事実証明に関する書類」の作成とその代理、相談業務

行政書士は、「事実証明に関する書類」について、その作成（「代理人」としての作成を含む）及び相談を業としています。

「事実証明に関する書類」とは、社会生活に交渉を有する事項を証明するにたる文書をいいます。

「事実証明に関する書類」のうち、主なものとしては、実地調査に基づく各種図面類（位置図、

案内図、現況測量図等)、各種議事録、会計帳簿、申述書等があります。

(出典：日本行政書士会連合会)

巻末資料⑦ 「専攻建築士について」

はじめに

「専攻建築士は信頼できる建築士の証」

建築士の仕事が一般に理解されにくいのは、多岐にわたった複雑で専門性の高い広い職域のためだと思われます。ひとりの建築士が建築に関わるすべてのことを責任ある仕事として行うことは難しいため、建築士は自らの専門領域を表示し、信頼ある仕事をすることが求められています。

建築士の信頼が求められている今、専門家が協働する相手の業務を理解して、はじめて「良好な関係と良質なものづくり」ができるといえます。

建築士会では、社会的背景に先んじ、消費者保護の視点に立った高度化多様化する建築士の職域[8つの専攻領域]を分かりやすく表示し、建築士の役割と責任を市民・ユーザーに明確に表示する制度を実施しています。

専攻建築士は、実務経験3件(責任ある立場)と規定CPD単位(5年間250単位)を取得し5年毎に登録更新します。

専攻建築士制度は、消費者保護の視点に立ち、高度化し、かつ多様化する社会ニーズに応えるため、専門分化した建築士の専攻領域及び専門分野を表示することで、建築士の責任の明確化を図る目的の自主的な制度です。

□ 専攻建築士の8つの専攻領域と代表的な実務と基礎案件

専攻建築士の名称・区分は右の8領域とし、実務実績により複数（3領域まで）表示することができます。あわせて、専門分野（得意分野）を表示することができます。

■まちづくり専攻建築士

都市デザイン、都市計画に係わる業務開発事業、区間整理・再開発等の具体的プロジェクト、または、都市・まちづくりの企画、調査等のコンサルタントに関わる業務

■統括設計専攻建築士

地域の住民やNPO団体等による景観保存・まちおこし運動・地域貢献活動等に対する専門家としての巾広い支援活動、建築士免許を必要とする建築の設計及び工事監理等に係わる業務。一般に、建築設計事務所、建設会社の設計部門等で「建築設計者」「技術スタッフ」等として従事している者も含む。

その他、官庁・地方自治体・公共団体や民間企業で、設計・工事監理等に従事している者も含む。

「APECアーキテクト」は申請に基づき認定される。

■構造設計専攻建築士

建築士免許を必要とする建築の構造設計及びその工事監理等に係わる業務。「1級建築士」を対象とする。「構造計算適合性判定員」・「構造設計一級建築士」・「JSCA建築構造士」・「APECエンジニア（構造）」は、申請に基づき認定される。

■設備設計専攻建築士

建築士免許を必要とする建築の設備設計及びその工事監理等に係わる業務。「1級建築士」又は「建築設備士」資格を持つ「2級・木造建築士」を対象とする。（実務経歴年数5年は、いずれか早い資格取得から算定する）

建築士免許を持つ「JABMEEシニア」・「設備設計一級建築士」は、申請に基づき認定される。

■建築生産専攻建築士

建築施工関連分野（現場の施工管理、積算・CM、建築リニューアル・維持管理等）に係わる業務。1級の「施工管理技士」資格を持つ建築士の実務経歴年数は、いずれか早い資格取得から算定す

る、建築士免許を持つ「建築積算士」「建築コスト管理士」で、日本建築積算協会の会員は、申請に基づき「積算」に認定される。ストック関連団体の資格を持つ建築士は、申請に基づき「診断・改修」に認定される。

■棟梁専攻建築士
①日本の伝統木造技術を継承し、その技術のもとに伝統建築（社寺建築、数寄屋等）の建築生産全体を統括しつつ、設計・工事監理及び施工（木工技能）を行なう業務
②日本の伝統木造技術の基礎となる規矩術や木組みの架構技術を修得し、その技術を現代建築に活かし、木造住宅をはじめ、学校や福祉施設等の設計・工事監理、及び施工（木工技能）を行なう業務。以上①又は②の業務を行い、且つ後進の指導にあたる立場の者。

■法令専攻建築士
次の実績を持つ1級建築士。法令の策定、建築確認、住宅性能評価等に係わる業務。裁判所、行政機関、建築士会等に対する技術的・法的立場からの支援業務又は活動（裁判所支援：民事調停委員、民事鑑定人、行政支援健築工事紛争委員会委員、建築士審査会、建築士会の建物相談（法令に関する）等の実績）。「建築基準適合判定資格者」「建築主事資格試験合格者」は申請に基づき認定される。

■教育機関
工業高校、高等専門学校、専門学校、大学等において、建築に関する教育、訓練等の業務又は、研究・調査・開発機関（大学を含む）及び企業の研究開発部門等で、特定の専門分野の研究開発等の業務。「建築士」免許資格者を対象とする。

（出典：公益社団法人 日本建築士会連合会）

掲載事業所一覧

弁護士編

甲斐・広瀬法律事務所——弁護士　甲斐　みなみ

| 〒530－0047 | 大阪市北区西天満4丁目9番12号
リーガル西天満ビル403号
TEL　06－6367－5115　　FAX　06－6367－5116
E-mail　info@minami-law.jp　　URL　http://www.minami-law.jp |

弁護士法人　中村綜合法律事務所——弁護士　中村　雅男

| 東京本部 | 〒102－0083　東京都千代田区麹町4－8　麹町クリスタルシティ9階
TEL　03－3511－5611　　FAX　03－3511－5612
所属弁護士　13人、事務員10人 |
| 小千谷支部 | 〒947－0028　新潟県小千谷市城内2丁目10番31号　城川ビル306号
TEL　0258－81－1321　　FAX　0258－81－1322
弁護士金澤耕作（新潟県弁護士会所属） |

三谷総合法律事務所——弁護士　三谷　淳

| 〒231－0005 | 横浜市中区本町2丁目15番地　横浜大同生命ビル2階
TEL　045－309－5010（電話受付時間：平日9:30～17:30）
URL　http://www.mitani-law.com/ |

吉田修平法律事務所——弁護士　吉田　修平

| 〒105－0001 | 東京都港区虎ノ門3－7－8　ランディック第2虎ノ門ビル9階
TEL　03－5776－0455　　FAX　03－5776－0466
E-mail　yoshida@s-yoshida-law.com
URL　http://www.s-yoshida-law.com/ |

リベルタ総合法律事務所——弁護士　齋藤　優貴

| 〒541－0042 | 大阪市中央区今橋1－8－14　北浜山口ビル7階
TEL　06－4707－3515（代表）　　FAX　06－4707－3533
URL　http://www.liberta-law.jp/ |

税理士編

新大阪総合税理士法人——税理士　菅野　泰行

| 〒532－0011 | 大阪市淀川区西中島3丁目18番9号　新大阪日大ビル6階
TEL　06－6195－4138　　FAX　06－6195－4139
E-mail　info@shinosaka-sougou.com
URL　http://www.shinosaka-sougou.com |

税理士法人　原会計事務所——税理士・行政書士　原　俊

〒104－0032	東京都中央区八丁堀3－22－9（八丁堀駅上） TEL　03－3552－5500　　FAX　03－3552－5400 E-mail　t-hara@harakaikei.com　URL　http://www.harakaikei.com
支店	原行政書士事務所（併設）
〒272－0815	千葉県市川市北方1－16－6（市川税務署前） TEL　047－333－6666　　FAX　047－333－8811

藤澤経営税務会計事務所——税理士　藤澤　公貴

| 〒220－0011 | 横浜市西区高島2－11－2　スカイメナー横浜319
TEL　045－453－5551　　FAX　045－453－5550
E-mail　fujisawa@fuji-tax.jp　　URL　http://fuji-tax.jp |

社会保険労務士編

イケダ労務管理事務所——特定社会保険労務士　池田　少折

| 〒607－8034 | 京都市山科区四ノ宮泓2－1
TEL　075－584－6640　　FAX　075－584－6630
0120－533－487　E-mail　info @ ro-mu.jp
・Emailを記載してメールをくださった方にメルマガをお送りしています。
（新米社労士ドタバタ日記　奮闘編の案内）
URL　http://www.ro-mu.jp/ |

社会保険労務士編

日本橋人事賃金コンサルタント・社会保険労務士FP小岩事務所
特定社会保険労務士　小岩 和男

〒103－0027　東京都中央区日本橋3－2－14　日本橋KNビル4F
TEL　03－5201－3616　　FAX　03－5201－3712
E-mail　koiwa@khh.biglobe.ne.jp
URL　http://www.koiwaoffice.com

村松貴通社会保険労務士事務所・株式会社浜松人事コンサルタント
特定社会保険労務士　村松 貴通

〒434－0031　静岡県浜松市浜北区小林1355－2
TEL　053－586－5318　　FAX　053－586－5579
URL　http://www.muramatsu-roumu.jp/

司法書士編

ウィル綜合司法書士事務所　司法書士　福嶋 達哉

〒651－0088　神戸市中央区小野柄通5丁目1番27号
　　　　　　　第百生命神戸三宮ビル8階
TEL　078－230－8722　　FAX　078－230－8782
E-mail　info@will-solicitor.com　　URL　http://www.will-solicitor.com

かながわ総合法務事務所　司法書士・行政書士　山口 弘樹

〒220－0004　横浜市西区北幸2－10－27　東武立野ビル1F
TEL　045－328－1280　　FAX　045－328－1283
URL　http://kanagawa-legaloffice.jp

行政書士編

行政書士法人 佐藤国際法務事務所　行政書士　佐藤 啓子

〒169－0075　東京都新宿区高田馬場1－32－14　UKビル9F
TEL　03－5155－7107　　FAX　03－5155－5582
URL　http://www.sato-office-visa.jp/

新行政書士事務所　行政書士　新 正伸

〒541－0056　大阪市中央区久太郎町3－1－22
TEL　06－6245－8590　　FAX　06－6245－8591
E-mail　shin-jimu@hb.tp1.jp
URL　http://shin-jimu.hp4u.jp/

弁理士編

アクシス国際特許業務法人　弁理士　中島 拓

〒105－0004　東京都港区新橋2丁目6番2号　新橋アイマークビル8階
TEL　03－6205－4122　　FAX　03－5501－9121
E-mail　office@axispat.jp

三都国際特許商標事務所　弁理士　長田 豊彦

〒530－0044　大阪市北区東天満1丁目11番5号　若杉グランドビル別館802
TEL　06－6354－4305　　FAX　06－6354－4306
E-mail　info@santo-pat.com

建築士編

スペースプロ 一級建築士事務所　一級建築士　岡田 俊彦

・神戸オフィス　〒650－0012　神戸市中央区北長狭通5－2－19
　　　　　　　　コフィオ神戸元町401
　　　　　　　　TEL　078－335－6417　　FAX　078－946－8889
・明石海岸事務所　〒674－0065　兵庫県明石市大久保町西島1158－1
　　　　　　　　TEL　078－946－8880　　FAX　078－946－8889
E-mail　okada-888@ninus.ocn.ne.jp　　URL　http://www.spacepro.biz

おわりに

現代社会はストレス社会、トラブル社会とも言われます。暮らしやビジネスでますます高度複雑化する社会メカニズムは、会社経営やビジネスで、職場で、地域社会であるいは学校で、家庭でさまざまな軋轢や摩擦、不協和音を生じ、年を追ってそれは増幅されているかのようです。体の具合が悪ければ、私たちは医者の世話になります。それでは商売や企業経営、ビジネス一般でのトラブルや支障が生じた場合はどこを訪ね、誰に相談すればいいのでしょうか。

こうした身近なニーズにこたえる手近なガイダンスとして「頼れる士業のエキスパートたち──暮らしとビジネスを力強くサポート」の出版を企画しました。

本書では、主として企業経営者を対象に〝町のビジネスドクター〟として、さまざまな債権債務をめぐるトラブルや人事・労務問題、相続や事業承継、破産や整理、債権回収、雇用・就労に関する多様な問題の解決、あるいは未然防止に向けて日夜奮闘している弁護士、税理士、社会保険労務士、司法書士、行政書士、弁理士そして一級建築士の専門家の皆さんに取材し、熱情溢れる仕事の一端を紹介しました。

一般に士業の事務所は敷居が高く、かつては近寄りがたいイメージがありましたが、本書に登場する士業の皆さんは、非常に開放的で地域の親しまれる、頼りになるプロフェッショナルとして大きな信頼を集めています。

本格的な訴訟社会が到来していますが、本書を手にする幅広い経営者、事業家の皆さんが頼れる町のビジネスドクターとのよき出会いになれば幸いです。

平成二十五年五月

産経新聞生活情報センター

「頼れる士業のエキスパートたち」
──暮らしとビジネスを力強くサポート──

発 行 日	平成 25 年 6 月 15 日　初版第一刷発行
編著・発行	株式会社ぎょうけい新聞社 〒531-0071　大阪市北区中津 1 丁目 11-8 　　　　　　中津旭ビル 3F Tel. 06-4802-1080　Fax. 06-4802-1082
発 行 人	椿　貴行
企　　画	産経新聞生活情報センター
発　　売	図書出版 浪速社 〒540-0037　大阪市中央区内平野町 2 丁目 2-7 Tel. 06-6942-5032(代)　Fax. 06-6943-1346
印刷・製本	株式会社 日報印刷

──禁無断転載──
乱丁落丁はお取り替えいたします
ISBN978-4-88854-472-6